VOYAGE VERS L'INDE INTÉRIEURE

Marie-France Latronche

VOYAGE VERS L'INDE INTÉRIEURE

Éditions Dervy

Collection « Yoga Intérieur »
Dirigée par Pierre Bonnasse

108 Upanishads, Traduction et présentation de Martine Buttex, 2012.
Christian Tikhomiroff, *Le Banquet de Shiva, Pratiques et Philosophie du Nâtha-Yoga*, 2013.
Swami Chinmayananda, *La Non-Dualité, Voie d'accomplissement, voie d'Éveil*, 2014.
Krzysztof Stec, *La salutation au soleil*, 2014.

Du même auteur

L'influence de Gandhi en France de 1919 à nos jours, L'Harmattan, 1999.

Nous tenons à remercier Ron Conway, un Indien d'Amérique de la nation Kumeyaay pour la photo de couverture. Celle-ci fut prise dans la réserve de Manzanita le 4 janvier 1992, au-dessus du mont sacré de Cuchama, situé à Tecate, en Californie, à la frontière du Mexique et des États-Unis. Cette photo saisit le halo autour de l'éclipse de Cuchama. La conjonction du soleil, de la lune et de la montagne, au moment de l'éclipse est un phénomène qui se manifeste seulement une fois toutes les 25 920 années et annonce le commencement de l'ère du verseau.

19, rue Saint-Séverin 75005 Paris

ISBN : 979 10 242 0024 8

contact@dervy.fr
www.dervy-medicis.com

À la mémoire sacrée
de Shri Swami Ramanandji Maharaj

L'Éternité n'est pas une nouvelle destination.
C'est un lieu où vous avez toujours été.

Les mots d'origine sanskrite contenus dans le texte sont translittérés avec les signes diacritiques. Nous avons conservé l'orthographe commune des noms en hindi de l'Inde moderne ainsi que de ceux qui sont désormais usités dans la langue française. Tous ces termes sont en italique et la plupart sont expliqués dans le glossaire.

ā se prononce comme *a* dans *blâme.*
ī se prononce comme *i* dans *lit.*
ū se prononce comme *u* dans *loup.*
c et **ch** se prononcent comme *tch* dans ***tch**èque.*
ḍ se prononce comme *d* dans ***d**onner.*
j se prononce comme *dj* dans ***dj**ellaba.*
ṁ se prononce *n.* : ahiṁsā se prononce ahi**n**sā
ṇ se prononce comme *n* dans ***n**ous.*
ṛ se prononce *ri* comme dans ***ri**vière.*
ṭ se prononce *t* comme dans ***t**emps.*
ś et ṣ se prononcent comme *ch* dans ***ch**at.*

Un jour d'été de l'année 1979, j'avais alors à peine quinze ans et vivais avec mes parents au Mans, mon frère aîné Patrick rentra à la hâte de Paris rempli d'enthousiasme et voulut me parler immédiatement. Nous montâmes dans notre chambre et il me dit qu'il venait d'avoir rencontré un grand maître d'Inde qui s'appelait Babaji. Il me montra sa photo, qui se grava tout de suite dans ma mémoire, suscitant en moi un sentiment de réminiscence que j'avais du mal à expliquer.

Ses yeux me fascinaient et perçaient mon être intérieur. Son regard profond semblait absorbé dans la contemplation de l'infini tout en étant rempli d'amour et de compassion. Curieusement, ce visage puissant, cette expression royale, ces yeux impénétrables me semblaient familiers. Mon cœur, mon esprit reconnaissaient celui que je cherchais depuis toujours et que j'avais enfin trouvé. Il n'y avait plus aucun doute dans mon âme. Je sus alors que je l'aimerais et le servirais à travers la vie et la mort. Je me rappelle précisément avoir exprimé cette résolution à mon frère : « Je suivrai Babaji pour toujours. »

Je sais qu'une réaction si subite peut paraître étrange dans notre culture occidentale, mais pourtant il en fut tout simplement ainsi. Les événements qui jalonnent notre existence ne sont pas seulement le fruit du hasard. Ils semblent correspondre à un appel intérieur profond et parviennent parfois à changer le cours de notre vie.

Le jour même, je décidai de faire une séance de méditation, pendant une heure, au lever du soleil puis au coucher du soleil, en harmonie avec le rythme de la planète. Je vivais encore avec mes parents et dans un coin de ma chambre, j'arrangeai un petit autel sur lequel j'avais posé la photo de Babaji et celle de son maître, Swami Ramananda, une lampe à huile et souvent quelques fleurs fraîches en guise d'offrande.

Ma vie avait changé de manière subite. Il s'agissait surtout d'une transformation intérieure. La méditation était devenue pour moi le meilleur moment de la journée. C'est là que je trouvais la paix et que je me ressourçais. C'est comme si j'avais pénétré le «jardin des délices».

Ainsi, mon voyage spirituel commença quelque peu différemment de la plupart. J'étais une adolescente française, relativement simple, issue d'une famille moyenne et j'étais profondément intéressée par mes études. Je n'étais pas encore une adulte mûre, aspirant à la réalisation de Dieu. J'avais été baptisée par l'Église catholique, mais en ce qui concerne ma vie intérieure, j'étais pratiquement livrée à moi-même. Ma confiance totale en Babaji et mon chemin spirituel n'étaient pas le résultat d'une quête personnelle mais le fruit de mon *karma*. Tout cela me fut donné comme un cadeau inattendu. Je peux seulement m'attribuer le mérite d'avoir reconnu ce chemin à un âge si précoce. Cela ne m'éloigna pas de Jésus-Christ ni de la France, et je pense qu'au contraire, je les apprécie mieux tous deux aujourd'hui.

J'étais en terminale cette année-là et je me concentrais sur mes études afin de passer le baccalauréat. Ceux qui m'entouraient remarquaient en moi un certain changement mais moi seule en devinais la profondeur. Mes parents étaient heureux de me voir un peu plus stable et studieuse et n'avaient aucun doute que je passais par une crise d'adolescence. Ils pensaient que mon changement n'était que temporaire. Mes amis prenaient un peu de distance, car j'étais désormais incapable de jouir des distractions passées, qui me semblaient de plus en plus superficielles. Subtilement, mon monde extérieur et intérieur prenait une nouvelle configuration.

Pendant cette période cruciale, un disciple de Babaji, était devenu mon ami et une ancre dans ma nouvelle vie spirituelle. Alexandre, tel était son nom, était un immigré américain vivant à Paris depuis de nombreuses années. Il était d'origine russe, écossaise et espagnole, et était versé dans de nombreuses langues, européennes et orientales. Poète et dramaturge en français et en anglais, il avait également été acteur de théâtre. Il avait rencontré Babaji à Paris en 1971, et son appartement, situé tout près du cimetière du Père-Lachaise, était un lieu de méditations quotidiennes. Plus tard, c'est là que j'allais vivre à Paris. Comme Babaji ne dirige pas une institution organisée, qu'il soit en France ou dans d'autres pays, l'appartement de Père-Lachaise est devenu naturellement, au fil des ans, un centre spirituel.

Paris se trouvait à deux heures de route seulement de ma ville natale et, pendant mes vacances, je rendais visite à Alexandre. Nous parlions ensemble longuement et il était mon confident. J'admirais sa foi dans le divin. Il m'aidait à surmonter les épreuves et m'encourageait dans mon nouveau chemin. Puis, un jour, il m'informa de la visite imminente de Babaji et je me rendis aussitôt à Paris pour la méditation du dimanche.

Nous étions tous assis dans une pièce éclairée par une lumière tamisée, lorsqu'il apparut. Avant la méditation, il nous dit : « Soyez comme des enfants dans le giron de la mère et rappelez-vous son nom avec amour. » Ses paroles étaient chaleureuses et d'une simplicité réconfortante. Il commença alors la méditation en récitant une prière en sanskrit. Mes yeux étaient clos, mais je me souviens de sa voix, résonnant en moi et touchant les profondeurs enfouies de mon être. C'était une voix d'une force extraordinaire, pure et claire, comme venant d'un autre monde, et qui semblait percer les cieux. C'était pour moi une expérience nouvelle et indicible. Sa présence intensifiait toutes mes perceptions et l'atmosphère était chargée d'énergie qui se diffusait en chacun de nous, magiquement.

À la fin de la méditation, Babaji resta silencieux pendant quelques instants puis alluma la lumière. C'est à ce moment que je le vis distinctement pour la première fois. Il était simplement vêtu d'une robe de couleur orange. Un feu ardent émanait de sa personne et mon cœur semblait s'embraser au contact de sa flamme intérieure. Mon âme se sentait en présence de celui qu'elle avait désespérément cherché. Ce dont je me souviens avec le plus d'acuité, c'est son regard. Ses yeux semblaient pénétrer en moi et toucher mon cœur pour y révéler des profondeurs qui m'étaient jusqu'alors inconnues. Il me connaissait de manière absolue, plus que moi-même.

Nous étions une vingtaine dans la salle, assis à même le sol. Chaque seconde me semblait précieuse et éternelle, comme suspendue dans le temps. Je me sentais transportée dans une sphère où seule la sensation d'union totale existait, et où disparaissait le monde extérieur.

Au moment de partir, il m'adressa quelques mots et, le plus naturellement du monde, me prit dans ses bras. Ce geste si simple me toucha et je me sentis immédiatement comme son enfant. Il ne semblait pas surpris de ma venue, comme s'il avait toujours su que ce moment arriverait. Je n'avais aucun doute, ainsi que je l'avais déjà vu grâce à la photo, que ma vie fût transformée et que le destin ou la main de Dieu eût arrangé cette rencontre.

Le lendemain, j'avais rendez-vous avec lui. Son sourire me remplissait d'une joie intense. Il semblait que nous nous connaissions déjà et les paroles entre nous n'étaient pas essentielles. D'ailleurs, mon anglais était alors rudimentaire ! Nous communiquions au-delà des mots. En sa présence, je me sentais tellement émue que je ne pouvais contenir mes larmes. Pour la première fois dans ma vie, un être me comprenait. J'avais jusqu'alors vécu dans un univers chaotique. Avec la spontanéité d'une adolescente, je résolus de demeurer pour toujours avec lui. J'étais assise près de lui et, en souriant, il me demanda :

– Qu'aimerais-tu faire dans la vie ?

– J'aimerais aider les autres, répondis-je.

– Avant d'aider les autres, tu dois devenir forte et prendre soin de ta propre vie.

J'étais sur le point de partir en voyage à travers l'Europe avec une amie. Il me conseilla d'abandonner cette idée et de préparer mes études avec sérieux. Intuitivement, je comprenais que je devais l'écouter car lui seul connaissait le chemin que je devais prendre. Je le considérais désormais comme mon guide. Il semblait que tout m'avait conduit, sans que je le comprenne, à ce moment précis dans ma vie.

Depuis longtemps, je cherchais, à l'intérieur de moi-même, la raison de mon existence, la signification de tout ce qui m'entourait. Je me posais mille questions, mais ne parvenais pas à trouver de réponse. Ma première rencontre avec Babaji avait été décisive : il m'avait montré le chemin et je savais que c'était le commencement d'un long voyage.

Je n'avais pas d'autre ambition que celle de le servir et de l'aimer de tout mon cœur. Je n'avais que quinze ans, n'avais encore aucune idée de la vie, bien que je fusse alors persuadée, comme toute adolescente, d'avoir tout compris.

Babaji me fit très vite comprendre que faire la *sādhanā* ne signifiait pas s'échapper de la vie et de nos circonstances présentes, mais au contraire les accepter avec joie. Je le rencontrai une deuxième fois. En sa présence, je ne trouvais plus mes mots et je buvais ses paroles : « Prends soin de tes parents, de ta famille, de tes amis et également de tes études. Il faut aimer au lieu d'attendre d'être aimé, il faut se changer soi-même avant d'essayer de changer les autres. » J'étais triste de savoir qu'il allait repartir et à la fin de ma visite. Devinant mes pensées, il ajouta : « Répète le Nom divin et ainsi, tu demeureras toujours avec moi. »

Après son départ, je ressentis un vide immense, mais en même temps une joie nouvelle avait jailli en moi. Dès lors, je pouvais affronter tous les obstacles, toutes les épreuves. Je me sentais invincible. L'amour de Babaji était un trésor que je portais désormais dans mon cœur. Je ne me sentais plus seule dans le monde et j'avais de l'espoir à nouveau.

Je fis alors un rêve qui me marqua. J'ai toujours accordé beaucoup d'importance à mes rêves. Parfois, ceux-ci se sont révélés prémonitoires, d'autres fois, ils m'ont aidée à comprendre la signification profonde de certains événements. Au commencement de ce songe, je vis le visage de Jésus et cela me remplit de bonheur et d'amour. Je n'étais pas étonnée, comme si cette présence avait toujours été là. Petit à petit, elle se transforma, laissant place à la présence de Babaji. Là encore, je n'étais pas surprise.

Il s'agissait bien sûr de deux formes différentes, mais toutes deux représentaient la même conscience divine. Je sais que cette idée peut paraître inconcevable aux personnes croyantes, pour lesquelles Jésus représente l'unique incarnation de Dieu. Mais pour moi, ce rêve confirmait ce que j'avais toujours compris intuitivement : que Babaji était un être réalisé, c'est-à-dire un avec Dieu, un avec la conscience divine. Et le Christ ressuscité est une réalité éternelle qui ne peut être confondue avec le corps qui a été crucifié. Souvent, les personnes croyantes confondent l'une avec l'autre. J'avais la chance de ne pas faire cette confusion et de voir la présence du Christ éternel en Babaji. Par conséquent, il n'y avait point de conflit entre ma formation religieuse et ma nouvelle vie spirituelle. Je ne quittais pas Jésus ; au contraire, j'entrais en contact avec son image vivante.

*

Je revins dans ma ville natale, et ma vie reprit son cours. Je résolus de devenir végétarienne. Mon frère Patrick et moi partagions le deuxième étage de la maison et nous installâmes une petite cuisine pour nos repas. Il est facile d'imaginer la réaction de ma famille à ces changements révolutionnaires et exotiques. Mais cela créait parfois des complications durant les repas familiaux et aux moments des fêtes ! On les tolérait en espérant que ceux-ci n'étaient que temporaires. En Occident, les gens réagissent souvent au végétarisme comme si l'on était devenu cannibale ! Les objections au régime végétarien sont traditionnelles ; elles ne sont pas rationnelles ni scientifiques.

Je me consacrais à mes études et je faisais mes méditations régulièrement. Mes parents, tous comme mes amis, avaient parfois du mal à accepter mon nouveau mode de vie. « Pourquoi attaches-tu tant d'importance à la méditation ? » me demandait-on souvent. Ils ne comprenaient pas que cela venait d'un profond besoin intérieur, et que me recueillir me semblait plus vital que les activités sociales «normales» auxquelles ils auraient voulu me voir participer.

Durant cette période, mon édifice familial s'écroula. Mon père et ma mère, qui depuis mon enfance avaient une relation difficile, étaient alors sur le point de divorcer. Mon frère avait quitté le domicile familial. Étant la plus jeune de la famille, j'étais le seul enfant à la maison et je vivais dans une atmosphère tendue, dans un univers qui était sur le point de s'effondrer.

Finalement, mes parents divorcèrent et je me retrouvai seule avec ma mère, qui était alors dépressive. J'avais commencé ma première année d'études de littérature française à l'université du Mans. En prise avec ces épreuves difficiles, je devais être forte émotionnellement et trouvais mon réconfort dans la prière intérieure.

Je sentais en moi une joie permanente, comme si mon âme, après un long exil, avait retrouvé sa terre natale. Mes tourments et mes doutes semblaient être soulevés hors de mon être. Mon regard sur moi-même et autour de moi s'était transformé. J'avais la sensation que mes yeux venaient de s'ouvrir et je percevais les choses avec une intensité nouvelle. Je commençais à voir de l'intérieur, en quelque sorte.

Pendant les deux années qui suivirent, je ne vis Babaji qu'une fois par an, lorsqu'il venait à Paris. J'attendais sa visite comme le printemps accueille les premiers rayons de soleil, après un long hiver. Je vivais pour ce moment, car je savais que lui seul comprenait mon évolution. Le temps que je passais alors avec lui était d'une richesse telle que cela me nourrissait pour les longs mois où je serais séparée de lui. Il commençait toujours par me demander comment j'allais, puis me posait des questions sur ma famille, sur mes amis ou mes études. Il s'intéressait à tout ce qui touchait ma vie, comme un père le fait avec sa fille. Ces heures passées avec lui étaient comme une éternité, où le temps et l'espace n'existaient plus. Être en contact avec un être dont la conscience est unie dans le divin, c'est comme être transporté, ravi hors du monde physique et terrestre. Pendant ces moments, j'oubliais l'univers quotidien et je ressentais un grand bonheur.

Cependant, après son départ, je devais chaque fois revenir à la « réalité » : prendre soin de ma mère et continuer mes études. Mes études littéraires me passionnaient. Je me délectais à la lecture des vers de Rimbaud et de Baudelaire. Je m'identifiais à ces poètes qui avaient tenté de se transcender à travers la poésie. Pour eux, le mot était sacré et ils avaient perçu les « correspondances » entre le monde physique et spirituel.

Babaji m'avait également conseillé la lecture de la *Bhagavadgītā* et des livres de Swami Ramananda, et c'est avec ferveur que je me plongeai dans ces œuvres qui eurent une grande influence sur moi, et auxquelles je ne cesse de me ressourcer.

La *Bhagavadgītā*, fameux épisode de l'épopée en sanskrit, le *Mahābhārata*, s'ouvre sur un champ de bataille à Kurukshetra. Arjuna, le chef des Pāṇḍavas n'a pas le cœur de lutter contre ses ennemis, qui sont ses propres cousins. À ce moment critique, le cocher de son char, qui n'est autre que Kṛṣṇa (Krishna), le Seigneur Suprême, l'un des *avatāras* de Viṣṇu, répond à ses doutes en l'incitant à agir au nom du *dharma*, afin de rétablir la justice sur terre. C'est ce dialogue entre Kṛṣṇa et Arjuna qui constitue la *Bhagavadgītā.*

Mais, plus qu'un récit épique, la *Gītā* est un manuel de conduite et l'on peut y puiser à tout moment une leçon de sagesse. Elle enseigne le *karma yoga*, le yoga de l'action, le *jñāna yoga* ou le yoga de la connaissance, et aussi le *bhakti yoga* ou le yoga de la dévotion. En fait, ces différentes formes de yoga s'unissent toutes à travers l'excellence dans l'action, qui n'est pas sans connaissance et dévotion. Cette unité de l'action, de la connaissance et de la dévotion, à travers l'excellence, est le message principal de la *Gītā*.

Kṛṣṇa expliquait à Arjuna que l'action est préférable à l'inaction et que toute action doit être accomplie avec détachement : « Celui qui est toujours satisfait de ce qu'il reçoit, qui a franchi les dualités, qui n'est jaloux de personne, qui demeure égal dans l'échec et le succès, celui-là n'est pas enchaîné alors même qu'il agit.» L'enseignement de Kṛṣṇa me procurait un grand réconfort. Je parvenais à comprendre ce message aisément car il me semblait similaire à celui de Babaji: faire de son mieux dans toute action et également consacrer toute action en l'offrant au divin, sans jamais se soucier du résultat. Il y a un plan, et c'est celui du divin. Alors, à quoi bon désirer une chose ou une autre? Dans la *Gītā*, beaucoup de mes questions trouvèrent une réponse.

La photo de Swami Ramananda, le maître spirituel de Babaji, se trouvait sur l'autel où nous faisions la méditation. Je la contemplais souvent. Swamiji[1], était d'une beauté divine. Ses yeux étaient d'une profondeur infinie et de son expression émanait toujours un sentiment de joie, de paix et d'amour intérieur. Seul, me semblait-il, un être réalisé, un être totalement uni avec le divin pouvait avoir ce regard et je le considérais comme mon guide dans les «sphères invisibles». Je découvrais la vie de cet être extraordinaire en lisant une thèse publiée par l'Université de Columbia.

Swamiji était né sous le nom de Shishupal Bhandari à Lalitpur, en Uttar Pradesh, le 16 décembre 1916, dans une famille de *kṣatriya*. Sa mère mourut lorsqu'il eut deux ans et il fut élevé par son père, son frère aîné et sa femme. D'un naturel timide, il était un enfant extrêmement sérieux et doué d'une mémoire extraordinaire. Au Government College de Lahore, il passa son baccalauréat en sciences biologiques puis sa maîtrise en sanskrit et philosophie. À l'âge de vingt ans, ayant acquis une parfaite maîtrise des *Vedas* et des *Upaniṣads*, il finit également son éducation classique en sanskrit.

Bien que sa famille eût voulu qu'il suivît une vie d'honneur et de distinction au service du gouvernement, Swamiji avait un désir profond de renoncer au monde et de poursuivre sa quête

1. La forme de Swamiji est utilisée pour parler de Swami Ramananda. Le suffixe ji en hindi exprime l'affection et le respect envers une personne.

spirituelle. Swami Satyananda Saraswati, leader du mouvement de l'Ārya-Samāj après Swami Dayananda Saraswati, devint son maître spirituel. Swamiji se mit à pratiquer la *sādhanā* avec intensité sous la direction de son maître jusqu'au jour où il eut une vision divine et reçut cette claire commande : « Tu ne resteras maintenant qu'un seul mois chez toi, et après cela tu appartiendras uniquement au Seigneur. Tu n'as pas d'autres liens. » À vingt-quatre ans, il quitta donc son domicile familial. Swami Satyananda lui donna la robe ocre de *sannyāsa* de l'ordre de *Sarasvatī* ainsi que le nom « Ramananda », qui signifie « félicité de Rāma ». À partir de ce moment, la vie de Swamiji fut consacrée à l'éveil spirituel et au service des autres.

Afin de guider les *sādhakas*, Swamiji écrivit plusieurs livres en hindi et également deux textes importants, *Le Spiritualisme évolutionniste* ainsi que *Perspective évolutionniste sur la vie*[1]. Ces deux ouvrages changèrent radicalement ma manière de percevoir le monde. Swamiji révolutionnait la spiritualité à travers le concept de l'évolution de la conscience, tout comme Charles Darwin avait révolutionné la science, grâce au concept d'évolution des espèces. Dans *Perspective évolutionniste sur la vie*, je lisais les lignes suivantes : « La vie a un plan et c'est l'évolution. Tu es une étincelle du divin sur ton chemin vers la parfaite manifestation de la Divinité. Du stade élémentaire, tu as été élevé jusqu'au niveau humain, à travers l'existence végétale et animale, par le Maître de l'Évolution. La condition surhumaine t'attend. Le brillant futur de la Conscience-Dieu, d'être un avec le transcendantal divin dans sa plénitude, est tien par droit de naissance. Les forces évolutionnistes t'emportent vers

---

1. *Spiritualisme évolutionniste* (*Evolutionary Spiritualism*) et *Perspective évolutionniste sur la vie* (*Evolutionary Outlook on Life*) : ces deux ouvrages ont été directement écrits en anglais par Swami Ramananda. Ils ont été traduits en français par Claude Cuénot comme travail d'amour, vers la fin de sa vie. Babaji les rend disponibles aux personnes qu'il connaît, généreusement. Les traductions n'ont encore jamais été publiées de manière formelle.

ce plus haut accomplissement. Tel est le dessein grandiose que la vie possède ! Ne la traite pas à la légère ! »

Bien que je ne pusse alors saisir tout ce que ces lignes contenaient, celles-ci me remplissaient d'un espoir nouveau. Je savais que ces mots venaient de sa propre expérience spirituelle et, pour moi, Babaji était la preuve vivante de cette « Conscience-Dieu » dont Swamiji parlait. Le seul fait de percevoir un état d'être au-delà des limites de l'existence humaine suffisait à me donner le courage d'aller de l'avant. Ma vie ne se limitait plus uniquement à cette existence physique qui n'était ni la première, ni la dernière de mes incarnations. Tous les aspects de la vie prenaient une dimension différente. Je commençais également à comprendre que dans l'univers, tout était lié et que chaque âme faisait partie d'un tout.

Je passais mes examens de littérature avec succès et pendant l'été, je pus voir Babaji à nouveau. J'avais un grand désir de le revoir et de continuer à être guidée par lui. En deux ans, tout avait été transformé dans ma vie. Mes amis d'autrefois continuaient à m'aimer et respectaient mon choix spirituel, mais ils ne pouvaient comprendre la transformation intérieure qui s'opérait en moi.

Babaji, comme toujours, m'inspirait avec ses paroles :

– Apprends à observer. Ouvre-toi aux autres, et cesse de penser à toi-même. En se regardant au microscope, l'on ne voit que ses imperfections. Il faut apprendre à t'aimer toi-même. Pense comment tu peux aider les autres, avant de penser comment ils peuvent t'aider. La clé du bonheur est de faire tout ce que l'on peut pour les autres et ne rien attendre en retour.

– Je n'ai pas assez d'amour en moi, lui confiais-je, comment puis-je aider les autres ?

– Si, tu as un pichet avec du lait dedans, mais, le croyant vide, tu ne tentes même pas d'en verser le contenu, tu continueras à avoir soif. De même, nous pouvons avoir en nous une capacité infinie, mais si nous pensons en être dépourvus et refusons d'utiliser cette capacité, alors comment celle-ci pourra-t-elle se développer ?

– Je comprends que je dois apprendre à puiser l'amour à l'intérieur de moi, mais parfois je perds courage et je n'ai plus la force de persévérer.

– Lorsque l'on se trouve devant une montagne, répondit-il, l'on se sent découragé. C'est en escaladant cette montagne chaque jour que l'on parviendra au sommet.

À plusieurs reprises, plus tard dans ma vie, je me suis souvenue de ces mots.

Sur ce chemin spirituel, il n'y a pas de place pour le découragement et il faut toujours marcher de l'avant. Dans *Perspective évolutionniste sur la vie*, je lisais : « Qu'importe si nos pieds sont lourds de fange aujourd'hui. Petit à petit nous nous sommes élevés, et nous continuerons à nous élever. Ce qui nous manque aujourd'hui se développera en temps voulu. Le Seigneur Bienveillant nous serre dans ses bras aimants. Il nous porte vers l'avant. Pourquoi être découragé ? Pourquoi se sentir impatient ? Impatience en vue de quoi ? Pour réaliser ta destinée ? Cela est garanti et se produira en temps voulu. Tu ne peux prendre d'assaut ta voie. »

*

À dix-huit ans, je décidai de quitter ma ville natale. J'en connaissais tous les recoins et de plus, ce lieu était lié à mon passé. Je me sentais une personne nouvelle avec un esprit nouveau et tout autour de moi me paraissait si étroit. Je vins donc m'installer à Paris, afin d'y poursuivre mes études à la Sorbonne. Pendant quelques mois, je vécus seule, dans la chambre de bonne d'une dame écossaise remarquable, Margaret, près du pont Mirabeau. J'aimais Paris et j'appréciais mon indépendance.

Après quelques mois, Alexandre dut partir pour les États-Unis et je vins m'installer dans son appartement. J'étais ravie de cette nouvelle opportunité. Au sein de cette grande « ville lumière » que je venais à peine de découvrir, l'appartement d'Alexandre était un havre. Depuis plusieurs années, c'était un lieu de méditation et j'aimais l'atmosphère calme et sereine qui y régnait. Babaji y venait chaque année afin de guider des personnes sur le chemin spirituel. C'est là que j'allais vivre pendant plusieurs années.

Chaque dimanche, nous avions une méditation de groupe pendant une heure et chacun venait et repartait en silence. La méditation était considérée comme un moment sacré. Chacun, en venant s'y joindre, tentait de laisser derrière soi sa vie mondaine et sociale, ses soucis personnels et ses problèmes quotidiens. Nous nous sentions tous unis par le cœur et j'avais désormais une famille spirituelle. Étant la plus jeune, j'avais immédiatement été adoptée par tous comme leur petite sœur.

Je passais les dimanches à préparer l'autel et à l'orner de fleurs fraîches. Je préparais le *prasāda*. Lorsque tout le monde avait quitté l'appartement, l'atmosphère, toute chargée d'énergie divine, m'emplissait d'un profond sentiment de joie. Babaji nous avait parlé de l'importance de méditer ensemble en nous rappelant la parole de Jésus : « Si deux d'entre vous, sur la terre, se mettent d'accord pour demander quoi que ce soit, cela leur sera accordé par mon père qui est aux cieux. Car, là où deux ou trois se trouvent réunis en mon nom, je suis au milieu d'eux. »

Puis un jour, Babaji m'appela des États-Unis pour m'annoncer sa visite à Paris. Je passai de longues heures à tout préparer dans l'appartement pour sa venue.

À son arrivée, je fondis en larmes. J'avais tellement attendu ce moment ! Peu de temps après des retrouvailles chaleureuses, il disparaissait dans sa chambre. Je me rappelle que peu à peu, l'atmosphère se chargeait d'énergie et mon être intérieur se sentait immédiatement élevé dans une autre sphère, comme si le monde extérieur disparaissait. J'étais tellement transportée par sa présence qu'il me semblait, du moment où il arrivait, qu'il n'avait jamais cessé d'être présent et les longs mois de séparation ne représentaient plus qu'une fraction de seconde.

Babaji m'avait enseigné que, en demeurant dans le Nom, je pouvais toujours rester en contact avec lui de l'intérieur et que ma séparation avec lui n'était que physique. Le Nom divin créait une continuité, un sentiment de permanence au-delà de l'espace et du temps. Je commençais à percevoir que, de manière infime, notre existence physique n'était qu'un aspect de notre « réalité ». Le vrai voyage était de comprendre qui était réellement à l'intérieur de soi-même. Comment retrouver cette âme éternelle, cet enfant du divin, qui a été créé par le divin et qui cependant a tout oublié ?

Le dimanche, nous eûmes, comme de coutume, la méditation de groupe : la présence de Babaji semblait ouvrir les portes de mon âme et l'inonder de vagues d'amour. J'eusse voulu que ce moment demeurât pour l'éternité.

Quelques minutes après la méditation, Babaji restait silencieux. Lorsque j'ouvrais mes yeux, je pouvais voir qu'il avait été dans une sphère éloignée et qu'il venait à peine de revenir dans notre monde commun. Sans jamais avoir préparé de discours, il commençait alors à parler, se mettant en harmonie avec ceux qui étaient présents. J'avais toujours cette impression qu'il répondait aux questions que je me posais alors et ses paroles m'allaient droit au cœur : « Je veux que vous pensiez. La plupart d'entre vous vivent sans penser, de manière machinale. Il est important de penser et de se demander : qui suis-je vraiment ? Pourquoi suis-je ici, sur terre, et quel est le but de mon existence ? La mort nous attend tous, et lorsque nous mourrons, nous aurons une surprise, nous continuerons à exister, mais sans notre corps. Seule notre conscience continuera d'exister. Nous confondons la vie et l'existence, la vie et la conscience. Après notre mort, vous reviendrez sur terre. Et nous reviendrons encore et encore jusqu'au jour où nous comprendrons que nous sommes ici pour nous rappeler du divin et que nous sommes un enfant de Dieu. C'est pourquoi vous devez méditer. Lorsque vous méditez, revenez toujours au Nom. La répétition du Nom vous aidera à grandir et à comprendre cette conscience avec le divin. »

Tout cela était si simple et en même temps si complexe. J'avais maintenant le Nom, pour m'unir de plus en plus à Dieu. Je compris que cela pourrait prendre une vie, peut-être même plusieurs : chaque vie n'était qu'une étape dans l'évolution. Ses mots ne touchaient pas seulement l'intellect, mais semblaient éveiller ma conscience endormie. Le souvenir constant du divin était le travail intérieur le plus important.

Ces vérités, depuis lors, je les ai entendues maintes fois, exprimées différemment, en fonction des circonstances. Et chaque fois, elles me remettent sur la voie, sur laquelle il est si facile d'errer.

*

Babaji repartit aux États-Unis et je poursuivais mes études de littérature comparée à la Sorbonne. Après avoir obtenu ma licence ès lettres, je commençais à préparer ma maîtrise. Je n'étais pas intéressée par un sujet purement littéraire et je choisis d'étudier les écrits de Swami Ramananda et de Pierre Teilhard de Chardin. L'idée de comparer ces deux penseurs, l'un représentant la pensée indienne, l'autre la pensée occidentale, me fascinait.

Jésuite, paléontologue, savant, Teilhard de Chardin avait eu dès son enfance l'intuition que l'évolution constituait la loi fondamentale de l'univers. Dès l'âge de six ans, il collectionnait des objets de fer et des pierres et créait son « Dieu de fer ». À dix-huit ans, il entra dans la Compagnie de Jésus, où il reçut pendant treize ans une double formation, religieuse et scientifique. Au cours de ses études de théologie en Angleterre, il fut influencé par la lecture de *L'Évolution créatrice* de Bergson. Plus tard, dans *Le Cœur de la matière*, il écrivit : « C'est au cours de mes années de théologie à Hastings que petit à petit – beaucoup moins comme une notion abstraite que comme une *présence* – a grandi en moi, jusqu'à envahir mon ciel intérieur tout entier, la conscience d'une Dérive profonde, ontologique, totale, de l'Univers autour de moi. » Selon Teilhard, tout, de l'inanimé à l'humain, était mué par une force évolutive qui emportait inéluctablement le monde vers l'union finale dans le divin, vers le « point Omega ».

Il avait tenté d'opérer une synthèse entre la religion et la science. En 1923, dans l'essai *Note sur quelques représentations possibles du péché originel*, il notait : « Plus nous ressuscitons scientifiquement le passé, moins nous trouvons de place, ni pour Adam, ni pour Ève. »

Ces écrits remettaient en question les conceptions traditionnelles de l'Église. Bien que déjà reconnu comme un scientifique renommé, il lui fut interdit d'enseigner à Paris, où ses vues commençaient à avoir de l'influence, et il fut envoyé en exil, en Chine, pour le restant de sa vie. Teilhard de Chardin avait désormais été réduit au silence, car ses idées sur l'évolution, bien que scientifiques et basées sur la recherche, se trouvaient en contradiction avec celles du Vatican. À partir de cette période, ses retours en Europe ne furent que des escales et il mourut à New York, au soir de Pâques, en 1955. Cette même année, l'édition posthume du *Phénomène humain* marqua le véritable commencement de sa reconnaissance intellectuelle et spirituelle.

En découvrant plus en profondeur la vie et l'œuvre de Teilhard, je compris que, quelles que soient notre foi et nos croyances, il est nécessaire de les analyser en accord avec la vérité et la science, et non pas *vice versa*. La religion tend parfois à rendre aveugle et intolérant, comme nous le montre l'histoire. Le but de la religion (du latin, *religare* : relier) n'est-il pas de nous enseigner à pratiquer la vérité avec amour et à aimer dans la vérité ?

Mais surtout, ce qui me semblait extraordinaire, c'était la convergence de pensée entre Teilhard et Swamiji. Cependant, Swamiji ne fut pas victime de la censure ou de l'ostracisme, comme Teilhard le fut. La tradition indienne, en dépit de sa profonde spiritualité, est essentiellement séculaire ; par conséquent, elle ne s'intègre pas dans les découvertes scientifiques et les innovations philosophiques ; il est rare de voir la religion contrecarrer ou rejeter un progrès scientifique afin de justifier un dogme ancien.

Tous deux avaient compris que le processus d'évolution spirituelle est le principe qui régit l'univers. En vertu de ce principe, la matière, même dans son expression la plus infime, subit un processus continuel de spiritualisation. Par conséquent, tout sur terre est spirituel car toute existence, de par son origine divine, contient en elle les germes de l'évolution future. Ils avaient également observé que l'évolution prend toujours une direction spécifique, c'est-à-dire celle d'une complexité de structure et d'un accroissement de conscience permanent, dont l'*Ultra-humain*, selon Teilhard, ou le *Super-humain*, selon Swamiji, est le stade final. En effet, Swamiji annonce, tout comme Teilhard, et en se basant sur l'évolution passée, que notre évolution en tant qu'êtres humains n'en est pas encore à son stade final et que nous évoluons vers la conscience du *Super-humain*. Ils percevaient distinctement le futur de l'humanité : nous marchons tous vers notre destinée, qui est celle de l'union dans le divin.

Enfin, pour tous deux, l'être humain fait partie d'une vaste unité. Teilhard écrivait dans *Le Milieu divin* : « Force nous est de reconnaître que tout ne fait qu'un dans le processus qui de haut en bas agite et dirige les éléments de l'Univers. » Swamiji exprimait la même idée : « Rien ne peut demeurer une entité séparée et indépendante dans ce puissant cosmos. Chaque chose, chaque force et chaque atome sont étroitement liés dans une grande unité. »

Teilhard, l'un des plus grands penseurs de notre temps, bien qu'il souffrît toute sa vie de sa position d'exilé, ne put jamais renoncer à l'ordre jésuite envers lequel il avait prononcé ses vœux. Cependant son œuvre scientifique et spirituelle va au-delà de la pensée judéo-chrétienne. Elle est dotée d'une dimension universelle, qui trouve son expression dans la fameuse devise de Teilhard : « Tout ce qui monte converge. »

L'étude de ces deux grandes âmes m'avait beaucoup enrichie. J'avais embrassé à l'intérieur de moi leur vision de l'univers.

*

Un jour, je me trouvais à l'Association des amis de Pierre Teilhard de Chardin, à Paris, plongée dans la lecture d'un ouvrage de Claude Cuénot sur le lexique de Teilhard. J'en admirais la clarté et l'érudition. Soudain, j'entendis la secrétaire parler à un homme assez âgé, mais aux yeux vifs : « Monsieur Cuénot, voici les livres que vous aviez demandés. » Je regardai à nouveau le nom de l'auteur sur mon livre ; oui, il s'agissait bien du même nom ! Incapable de résister, je m'approchai de lui pour lui dire que je lisais justement son livre. C'est ainsi que notre amitié naquit.

Nous ressentîmes immédiatement l'un pour l'autre une grande affinité. Je lui parlai bien sûr de ma recherche et il fut très intéressé. Il était alors à la retraite et travaillait quelques heures par semaine pour l'association. Je découvris qu'il était le fils de l'éminent biologiste français Lucien Cuénot, ami proche de Teilhard, et c'est ainsi qu'il l'avait connu personnellement. Désormais, chaque semaine, je le rencontrais à l'association et je passais quelques heures dans son bureau à étudier. Il m'apportait des livres à consulter afin d'approfondir mes connaissances. Il me parlait de la vie de Teilhard et de son œuvre qu'il connaissait si bien et qu'il continuait à étudier avec passion.

C'était un homme qui avait beaucoup souffert, physiquement, émotionnellement et spirituellement. Il avait été blessé pendant la guerre, était séparé de sa femme et délaissé par ses enfants. Il partageait avec moi ses douleurs intérieures. Je savais que ma présence le réconfortait et, chaque fois, il m'accueillait avec un sourire que je ne pourrai jamais oublier. Il me parlait toujours avec une grande humilité et beaucoup d'humour. Aux yeux de ses proches, il le ressentait, il n'était plus qu'un vieil homme un peu aigri, oublié depuis longtemps. Quant à moi, je l'admirais et je sentais que, à travers sa souffrance, il avait acquis une grande sagesse. Les moments que je passais avec lui étaient toujours d'une immense richesse. Pendant les années qui suivirent, nous nous vîmes régulièrement. Sa condition physique s'étant détériorée, il dut être confiné dans une maison de retraite, sa

« prison », l'appelait-il. Je lui rendais visite chaque semaine. En dépit de ses douleurs, je le retrouvais toujours assis devant sa petite table, absorbé dans quelque ouvrage, tantôt en français, tantôt en anglais, en allemand ou en russe. Il avait une grande discipline intellectuelle. Lorsque j'entrais dans sa chambre, il levait des yeux amusés vers moi, visiblement content de ma visite. Il me parlait de sa misérable condition et parfois de sa peur de mourir. Il se sentait coupable.

Je lui donnai un jour les ouvrages de Swamiji qu'il lut avec grande attention. Il admirait la pensée de Swamiji et considérait ses écrits comme la meilleure œuvre spirituelle et philosophique qu'il ait jamais lue. Il était un chercheur par nature, toujours ouvert aux idées nouvelles, et il se proposa d'en faire la traduction en français.

Babaji vint également lui rendre visite dans sa petite chambre, où ils parlaient longuement de philosophie. Un jour, durant l'une de leurs conversations, il demanda à Monsieur Cuénot :

– Est-ce que la vie infinie et immortelle est accordée à celui qui accepte Jésus ?

– Certainement, acquiesça promptement Monsieur Cuénot.

– Cela implique donc qu'avant d'accepter Jésus, l'on ne possède pas cette infinité et cette immortalité.

– En effet.

– Comment est-il possible qu'une chose puisse devenir infinie à un certain moment, sans l'avoir toujours été ?

– Vous avez raison du point de vue philosophique, reconnut Monsieur Cuénot, mais je dois rester fidèle à ma foi.

– Je comprends parfaitement votre situation, et je respecte et admire votre foi, conclut Babaji d'une voix réconfortante.

Jamais je n'avais été témoin d'un si bel échange.

Claude Cuénot n'est plus de ce monde, mais il demeure dans ma mémoire comme un être d'une vraie bonté, et d'une honnêteté intellectuelle remarquable.

*

À cette période, je ne demeurais plus seule dans l'appartement près de Père-Lachaise. Babaji avait suggéré à plusieurs personnes qui, comme moi, tentaient de faire la *sādhanā* dans leur vie quotidienne, de vivre comme une famille spirituelle sans les atours extérieurs de la vie monastique ou d'un culte religieux ; un simple groupe de personnes s'unissant afin de trouver une voie en dehors de la désagrégation des institutions de la famille naturelle. C'était une nouvelle expérience pour moi : je devais apprendre à vivre avec les autres, à les comprendre et à les respecter. Nous préparions les repas et méditions ensemble.

L'une des personnes qui se trouvaient alors avec moi était une jeune mère célibataire, que je considérais comme ma sœur. Elle avait un fils âgé de cinq ans. J'avais toujours été la cadette dans ma famille et j'étais heureuse que les circonstances eussent aussi mis un petit frère sur mon chemin. Après mes heures passées dans l'étude, je me plaisais à m'abandonner à ses jeux enfantins. Je recevais cette nouvelle présence, comme un don du divin. Le monde de l'enfance, ainsi que je le redécouvrais, était si simple et si innocent.

*

Chaque été, Babaji revenait à Paris et restait avec nous pendant une ou deux semaines. Avec lui, le bonheur entrait dans la maison et son amour, son affection, sa joie et son enthousiasme emplissaient l'atmosphère. Il avait le don de comprendre chaque personne intimement, et à son contact, tout le monde semblait rayonner. Il était avec nous comme un père de famille : attentionné, veillant à tout, intéressé jusque dans les plus petits détails par tout ce qui touchait notre vie. Pour lui, nous étions tous ses enfants et l'âge ne faisait aucune différence. Il insistait souvent sur l'importance de vivre ensemble, citant ces proverbes anciens : « *Saṁghe śakti kalau yuge* », « Dans l'âge de Kali [c'est-à-dire dans les temps modernes], la force réside dans l'union»; et encore: «*Saṁgacchadhvam, saṁvadadhvam*», «Marchez ensemble et parlez ensemble.»

Ces mots me firent comprendre que la méditation n'était qu'un aspect, un aspect important bien sûr, mais pas le seul de la vie spirituelle. Ce chemin n'était pas seulement un chemin individuel, pour le salut personnel, mais pour l'élévation de tous.

Il nous enseignait à aimer davantage et à ouvrir notre cœur aux autres, nous rappelant les paroles de Jésus: «Aime ton prochain comme toi-même.» Je sais que ce sont là des mots que chacun a entendus auparavant. Ils paraissent si évidents et, pourtant, lorsque l'on commence à regarder à l'intérieur de soi, l'on peut voir le long chemin à parcourir et se rendre compte qu'il n'est pas facile de se voir soi-même en l'autre ni de voir l'autre en soi. Les enseignements que l'on n'a pas encore réalisés deviennent des clichés et l'on a tendance à croire que nous les connaissons et les comprenons. Cependant, sans effort pour les réaliser, ils deviennent de simples mots et bien qu'ils nous soient familiers, sont dénués de sens.

Je recevais une éducation nouvelle, tant au niveau intellectuel que spirituel, non seulement à travers ce que Babaji enseignait par les mots, mais grâce à sa présence et aux valeurs qu'il transmettait.

J'étais souvent étourdie et «dans les nuages». Or, dans le quotidien, Babaji apportait beaucoup d'attention aux détails. Il expliquait qu'être attentionné en chaque chose est un «exercice de conscience». C'est le yoga de l'action ou, plus exactement, le «yoga de l'attention», comme il préfère l'appeler, qui consiste à accomplir chaque action parfaitement. L'attention appropriée conduit à l'action appropriée. Il nous raconta un événement dans la vie de Buddha, qui illustrait ce précepte. Buddha marchait avec son cousin Ānanda. Une mouche vint soudain se poser sur son nez et Buddha la chassa d'un geste de la main. Un peu plus tard, bien qu'il n'y eût point de mouche sur son nez, il fit le même mouvement de la main, comme pour chasser une mouche. Son cousin, étonné, lui demanda:

– Pourquoi fais-tu ce geste ? Il n'y a plus de mouche sur ton nez.

– La première fois, lorsque je chassai la mouche, répondit Buddha, mon action ne fut pas faite avec attention. Ainsi, pour effacer le *saṁskāra* d'inattention, je dus refaire la même action avec attention.

C'est ainsi que commença pour moi ce long et ardu apprentissage qui consiste à dompter le mental, qui s'agite sans cesse. Il m'arrivait de briser un objet ou bien d'oublier quelque chose d'important et, chaque fois, il me fallait me rappeler que mon attention devait être dans l'action accomplie et non pas dissipée par des pensées errantes.

Babaji allait parfois se promener et je l'accompagnais de temps en temps. Nous parcourions de longues distances dans les différents quartiers de Paris et je chérissais ces moments passés avec lui. J'avais toujours l'impression, en sa compagnie, de redécouvrir le monde à travers son regard. Bien que nous marchions sans but précis, il observait toujours avec le plus grand intérêt tout ce qui était autour de lui. Rien ne lui était indifférent. Un jour, alors que nous nous trouvions sur une avenue, un enfant se mit soudain à pleurer désespérément parce que sa mère avait disparu quelques instants. « Tu vois combien cet enfant pleure pour trouver sa mère, me fit-il remarquer. C'est aussi simple que cela. Tu dois pleurer pour la Mère divine avec autant d'intensité et elle viendra vers toi aussitôt. Tu dois atteindre cet état intérieur. »

Un autre jour, au sein de la foule, de ce flot constant d'hommes et de femmes allant et venant en toutes directions, il observa : « Ils sont perdus, mais ils ne le savent pas. Ils vivent et agissent comme s'ils savent d'où ils viennent et où ils vont, mais en fait, ils ne comprennent pas le vrai sens de la vie. »

Cela me rappelait le « mythe de la caverne » dans la *République* de Platon, où celui-ci décrit comment des hommes vivent, enchaînés depuis l'enfance dans une habitation souterraine, ne voyant que leurs ombres et prenant ces ombres pour la réalité. Si l'on voulait les délivrer, ils éprouveraient de la douleur à lever les yeux vers la lumière. Platon montre que, de la même manière, les êtres humains sur terre sont dans l'obscurité et enchaînés sans le savoir. Ils ne connaissent pas leur propre réalité, mais seulement une ombre de cette réalité. Ils naissent, ils vivent et souffrent sans comprendre qu'ils viennent du divin et qu'ils marchent vers le divin.

Par moments, au milieu de la multitude, Babaji m'apparaissait comme un être plein de lumière, qui connaissait chaque être dans son essence, embrassant tout ce qui l'entourait d'une manière invisible et subtile.

Ainsi, pendant plusieurs années, ses visites apportaient en moi des changements intérieurs de plus en plus intenses. Il était un guide par excellence. Son enseignement ne se limitait pas à quelques conseils spirituels généraux ni même à la méditation. À tous les niveaux, émotionnel, intellectuel, spirituel et physique, je subissais une lente mais profonde transformation. C'est comme si je me dépouillais peu à peu de mon vieux « moi » et de mes vieux *saṁskāras*. Je me sentais tout simplement de plus en plus légère. J'apprenais à regarder autour de moi et à aimer en silence. Ouvrir constamment son cœur et laisser le divin y verser son nectar d'amour, cela semblait être la seule chose essentielle sur terre.

*

Après avoir passé ma maîtrise, je poursuivis mes études en vue du doctorat, sous la direction de Pierre Brunel, professeur de littérature comparée à la Sorbonne. J'avais toujours été fascinée par tout ce qui touchait à l'Inde, mais désormais celle-ci faisait partie de mon univers intérieur.

Dans notre formation, traditionnelle et eurocentrique, basée sur la culture gréco-romaine, l'Inde est totalement éclipsée ou elle est perçue à travers le prisme des yeux coloniaux. Il n'en a pas toujours été ainsi. Le XIXe siècle a connu un grand mouvement de renaissance, le « mouvement de renaissance orientale », qui a pris naissance au XVIIIe siècle après la découverte des textes sanskrits par les missionnaires européens en Inde. Les orientalistes anglais ont traduit pour la première fois en Occident les *Vedas*, le *Rāmāyaṇa*, la *Bhagavadgītā* et *Śakuntalā*. Le pionnier Anquetil-Duperron traduisit en latin la version persane des *Upaniṣads*, que le prince aîné Dara Shikoh, le fils aîné de l'empereur moghol Shah Jahan, avait fait traduire du sanskrit. Cette traduction latine est celle que Schopenhauer chérissait. Tous ces textes eurent une grande influence sur les écrivains romantiques européens tels Gœthe, Lamartine et Michelet. Cette connexion ancienne avec l'Inde se trouve également chez les écrivains américains transcendantalistes Walt Whitman, Emerson et Thoreau. Elle était encore une tradition vivante dans la vie et l'œuvre de W. B. Yeats en Irlande, de Kathleen Raine en Angleterre et d'Allen Ginsberg en Amérique. Kathleen Raine la nomma « Inde de l'imagination ». Celle-ci ne se limite pas aux problèmes nombreux de l'Inde moderne, mais voit la continuité du Grand Esprit se manifestant derrière ce qui est visible au voyageur ordinaire.

À mon tour, je découvris avec enthousiasme ces trésors de l'Inde antique. Un monde complètement nouveau s'était ouvert à moi. Je méditais sur ce que Schopenhauer avait écrit : « La sagesse indienne transformera notre savoir et notre pensée. »

Je décidai de faire ma recherche sur l'influence du Mahatma Gandhi en France. J'approfondis tout d'abord ma connaissance de l'histoire de l'Inde, de sa littérature et de sa philosophie. Je lus également de nombreux ouvrages sur la vie et la pensée de Gandhi. Son autobiographie, *Autobiographie ou mes expériences de vérité*, me fit une grande impression. Dans ce texte essentiel à la compréhension de son œuvre, Gandhi se définissait comme un « quêteur de vérité ». Dans l'introduction, il donne sa définition de la vérité : « Pour moi, la Vérité est le principe souverain, qui inclut plusieurs autres principes. La Vérité n'est pas seulement véracité du verbe, mais véracité de la pensée aussi bien ; ni seulement vérité relative comme nous la concevons, mais Vérité Absolue, Principe Éternel, qui est Dieu. Les définitions de Dieu sont innombrables, parce que Ses manifestations sont innombrables. Elles me comblent d'émerveillement et d'effroi. Mais j'adore Dieu uniquement comme Vérité. »

Je découvrais que Gandhi était bien loin d'être « ce petit fakir à demi nu », comme l'avait décrit Winston Churchill. Il était un réformateur et un révolutionnaire qui avait développé une philosophie de complète non-violence, *ahiṁsā*, basée sur les principes spirituels de la tradition indienne. Il était le premier à appliquer cette philosophie aux problèmes politiques de la libération nationale et à la reconstruction de l'Inde, sur une grande échelle. Il représentait l'une des grandes figures spirituelles du xxe siècle. Albert Einstein, à la mort de Gandhi, lui avait ainsi rendu hommage : « Les générations futures auront peine à croire qu'un tel homme de chair et de sang ait pu fouler le sol de notre terre. » Et en effet, dans un monde menacé par les guerres nucléaires et encore bien loin des idéaux de Gandhi, son message me semblait apporter une lumière pour les générations futures.

J'obtins mon doctorat de littérature comparée[1], et il me sembla alors que le chapitre de la Sorbonne était désormais derrière moi. Il me fallait abandonner la sécurité relative de la vie académique pour la réalité de la vie dans le monde. J'enseignai le français pendant quelque temps à Paris. Cependant, je sentais qu'il était temps pour moi de commencer une vie nouvelle après de longues années à l'université, loin de l'environnement peuplé de la mégapole. Je n'avais plus qu'une idée en tête : partir à la montagne de Cuchama, où Babaji demeurait plus longtemps que dans tout autre endroit. C'était un sanctuaire sacré, situé au sud-ouest des États-Unis, à la frontière du Mexique.

L'été de cette année-là, j'attendis sa venue avec impatience. Juste avant son départ, il m'annonça que je pouvais repartir avec lui. En entendant cette nouvelle, je débordai de joie. J'avais

1. Ma thèse a été publiée sous le titre : *L'Influence de Gandhi en France de 1919 à nos jours*, Paris, L'Harmattan, 1999.

vécu ses années passées dans l'attente de ce moment, car depuis notre première rencontre, j'avais pensé à aller vivre auprès de lui. Mais il m'avait fait finir mon éducation et patienter toutes ces années car lui seul connaissait avec précision le moment où je serais prête. J'étais plus forte et plus mûre et pouvais certainement m'adapter à une situation tout à fait différente. Je mis dans ma valise ce qui me paraissait essentiel, quelques vêtements, quelques livres, et je laissai ma vie passée et toutes mes relations derrière moi.

C'est au début de l'automne que nous arrivâmes à New York. Tout me paraissait gigantesque. J'étais fascinée par l'architecture de la ville avec ses gratte-ciel, l'Empire State Building, le Chrysler Building, Times Square et bien sûr les deux tours jumelles et emblématiques du World Trade Center qui s'y trouvaient encore. Il y avait aussi, dans les rues, une énergie et une activité incessantes. Je me sentis immédiatement à l'aise car New York était vraiment une ville cosmopolite où les cultures et les nationalités se trouvaient étroitement mêlées. L'on ne pouvait pas s'y sentir « étranger » car ici, tout le monde venait d'un endroit différent de la planète. C'était, en ce sens, une vraie ville américaine.

Au milieu de cette ruche pleine d'activité se trouvait l'appartement de Babaji, où il avait vécu depuis le milieu des années soixante, période durant laquelle il enseignait les études indiennes à l'université de Columbia. C'était un autel et une oasis au cœur de Manhattan, à l'extrémité nord de Greenwich Village.

L'atmosphère qui y régnait était d'un caractère unique et j'y ressentis immédiatement une paix immense. Dans ce lieu qui était devenu un sanctuaire, l'on avait la sensation de flotter dans une autre sphère.

Un autel de méditation formait la partie centrale de cette pièce. Une grande fenêtre vitrée donnait accès à un toit adjacent, couvert de plantes et de vignes. Au centre de cet autel se trouvait, sous sa forme de roi en exil, avec un arc dans la main, une statue en marbre de Śrī Rāma (Shri Rama), le héros divin du *Rāmāyaṇa*, d'une beauté et d'une simplicité parfaite. Babaji avait lui-même apporté d'Inde cette statue faite par un important sculpteur de Jaipur. C'était une présence vivante, un symbole qui semblait bien lui convenir, car il était également un prince indien vivant en exil depuis des décennies.

D'autres statues, plus petites, avaient également leur place sur l'autel ; parmi elles, celle de Kṛṣṇa, de Buddha, de Jésus et quelque chose que je n'avais jamais vu ailleurs : une statue en bois sculpté de Zoroastre. C'était comme une nation unie de différentes croyances. Toutes ces représentations étaient des formes différentes du divin et elles avaient chacune une place dans son panthéon. L'autel était décoré de roses délicates et une guirlande de fleurs ornait la photo de Swamiji.

C'est dans cette chambre au décor sobre mais chaleureux que Babaji vivait simplement. Ce qui me frappa alors, c'était le nombre incroyable de livres qui couvraient entièrement les murs. C'était une collection impressionnante de volumes, amassés au cours de longues années, représentant plusieurs traditions, depuis la civilisation aryenne et sémitique jusqu'à la culture moderne. L'on pouvait y trouver des livres sur la philosophie indienne et occidentale, sur la poésie et sur l'art. Il y avait également une étagère spécialement consacrée aux écrivains de l'Est et de l'Ouest, qui avaient été ses amis, tels Niralaji[1], Firaq Gorakhpuri[2], Allen Ginsberg, William Burroughs et Kathleen Raine, pour n'en nommer que quelques-uns.

Babaji était un perpétuel étudiant, un lecteur avide qui s'intéressait à tout : non seulement à la philosophie mais également à la littérature, la science et la politique. Il m'expliqua qu'il s'était ainsi, toute sa vie, préparé à aider les autres, quelle que soit leur éducation ou leur activité dans la vie. Il pouvait comprendre leurs problèmes et les guider. Bien des années plus tard, en l'écoutant à maintes reprises parler soit à une seule personne, soit à un groupe, je compris combien ses connaissances étaient

1. Suryakant Tripathi (1896-1961), connu sous le nom de plume *Nirala*, qui signifie « l'unique » ; l'un des poètes les plus éminents de la littérature hindie moderne.

2. Firaq Gorakhpuri (1896-1982), écrivain, critique, l'un des plus grands poètes de la littérature ourdoue en Inde.

essentielles à son travail : quels que soient les questions ou les intérêts des personnes en face desquelles il se trouve, il parvient toujours à établir une connexion.

Au-dessus de son lit était suspendue une grande carte du monde. C'est là qu'il passait de longues heures à la lecture et à la contemplation. Il parcourait toujours les informations dans les journaux, une habitude qu'il avait acquise dans son enfance, et qu'il expliquait ainsi : « Le monde entier est comme une famille pour moi, et j'ai besoin d'avoir des nouvelles chaque jour. Le journal est comme une lettre de ma famille. » Il me faisait souvent penser à un général et il semblait comprendre les différentes forces qui se jouent chaque jour dans le monde géopolitique.

Dès mon arrivée à New York, je compris que mon éducation, ma vraie éducation, allait désormais commencer, et que je devais écouter et lire avec attention ce qui se passait autour de moi. Je n'étais pas habituée à l'accent américain, mais, petit à petit, grâce à mes efforts et à la patience infinie de Babaji, je faisais des progrès. Il savait toujours ce que je pensais, quel était mon état intérieur et si parfois je me sentais un peu perdue, car tout était si nouveau autour de moi. Il me divertissait toujours par sa bonne humeur et son sens permanent de l'humour.

En dépit de mes difficultés, je ne songeais jamais au passé et je faisais un effort constant pour m'appliquer à ce qu'il m'enseignait. J'avais parfois l'impression d'être un enfant sauvage qu'il fallait dompter !

Quelques disciples de Babaji vivaient également à New York. Je fis leur connaissance, méditai avec elles et me sentis naturellement proche de tout le monde.

Nous avions souvent des *satsangas* durant lesquelles Babaji nous parlait. Je me souviens de l'une d'elles en particulier, où il comparait la vie à un voyage. La plupart des êtres humains font ce voyage à travers le temps et l'espace et celui-ci s'achève avec la vieillesse et la mort. Ce voyage est *pravṛtti*. D'autres, ayant compris qu'il faut vivre pour la réalisation d'une conscience plus élevée, font ce voyage dans le domaine de la conscience intérieure. Ce voyage est *nivṛtti* lorsque l'on revient vers le point où le voyage a commencé, vers le point d'origine. L'on commence alors à se détourner de la réalité phénoménale, ponctuée périodiquement par la naissance et la mort avec, entre les deux, des moments de plaisir, parfois des moments de joie et de longues périodes de souffrance ; en d'autres termes, ce que l'on appelle communément la vie humaine. À ce moment-là, il n'y a plus d'explication philosophique nécessaire, car la philosophie s'achève avec le *darśana*, qui est la vision de la vérité. Le mot *darśana*, en sanskrit, signifie également « philosophie ».

Malheureusement, en dépit de toutes les souffrances, les êtres humains continuent d'errer. Mais dès qu'ils prennent la voie du retour, ils comprennent que ce qu'ils cherchaient dans les caves des hautes montagnes et dans le silence pesant des déserts lointains avait toujours été en eux. Seulement, ils n'avaient jamais eu la patience ou la bonne fortune de le reconnaître.

De là où je me situais, le chemin paraissait long car il y avait encore en moi tant de pensées et d'habitudes qui m'embrouillaient sans cesse. Cependant, ces paroles me donnaient la force de persévérer dans le chemin.

Auprès de Babaji, je me sentais curieusement dans le monde et hors du monde. Sa présence conférait à tout ce qui se passait autour de nous une dimension magique.

*

De New York, nous allâmes à Los Angeles. Tandis que New York avait encore les charmes d'une ville européenne, Los Angeles était une ville américaine moderne et semblait être un modèle pour les grandes cités du futur. Le centre-ville, avec son conglomérat de gratte-ciel, est construit pour le *business* et les automobiles, laissant peu d'espace à ceux qui aiment glaner et se promener. À première vue, c'est un univers froid et déshumanisé.

En ce lieu, pendant quelques semaines, nous demeurâmes dans une demeure victorienne ancienne, construite en 1888, ce qui est considéré comme antique dans la ville de Los Angeles. Deux palmiers se dressent, comme des sentinelles, devant la maison, qui est entourée d'un jardin élégant auquel un très vieux magnolia donne ombrage. Cependant, cela n'était pour nous qu'un arrêt temporaire avant de nous rendre au mont Cuchama.

*

Cuchama est une montagne sacrée du sud de la Californie, située sur la frontière mexicaine. Evans-Wentz, connu pour ses recherches sur le bouddhisme tibétain, notamment sa traduction du *Livre des morts tibétains*, possédait un grand ranch de plus de 5 000 acres dans cette région et y avait vécu depuis la Seconde Guerre mondiale jusqu'en 1965. Il offre une description détaillée de ce lieu dans son dernier ouvrage, *Cuchama et les montagnes sacrées*. Il explique que les « hommes blancs » appelaient cette montagne mont Tecate, tandis que les Indiens d'Amérique la connaissaient sous le nom de Cuchama, qui signifie « lieu exalté et sacré ». Formée durant la période jurassique, il y aurait environ cent cinquante millions d'années, Cuchama, qui était alors une île au milieu de l'océan Pacifique, était connue traditionnellement comme « montagne de la création ». D'une altitude de 1 300 mètres, elle est la plus haute montagne dans la partie sud-ouest de la Californie.

Tout comme les druides en Europe qui ne construisaient pas d'édifices et célébraient leurs rituels parmi les bosquets de chênes, les Indiens révéraient les éléments de la nature, comme le soleil, la lune, les étoiles, et par conséquent n'érigèrent jamais de temple sur le mont Cuchama. La montagne était leur temple. Dans les temps anciens, le sommet de la montagne Cuchama servait de lieu d'initiation pour les jeunes membres de la tribu. Ces derniers y passaient une longue nuit auprès d'un chamane, dans un bosquet de cyprès qui se trouvait sur le sommet. Le « grand mystère » était évoqué ainsi que les déités de la montagne et, à travers un rêve mystique, ils recevaient une vision qui les guidait dans leur vocation future.

Evans-Wentz, en quelque sorte un pionnier dans le monde spirituel, avait écrit que « Cuchama était destinée à devenir à nouveau un temple spirituel de l'Amérique renaissante dans les siècles à venir ». Il achevait sa description de ce lieu par cette prière : « Puisse Cuchama continuer à être révérée comme l'un des temples les plus sacrés de la terre, construit sans mains [...]. Puisse-t-elle devenir un lieu où l'on reçoit le guide intérieur et la communion avec l'Invisible, l'Informe, le Non-Créé. »

En approchant la montagne, après avoir quitté les longues lignes droites, la route devenait sinueuse et étroite et la végétation, dense à certains endroits, de plus en plus désertique. De rares habitations longeaient la route et l'on s'éloignait de toute civilisation. Au milieu de ce paysage majestueux, l'on se sentait dans un lieu primordial. À Cuchama, l'on n'est ni dans les États-Unis d'Amérique, ni dans le Mexique moderne, mais au sein de la terre sacrée indivisible des terres indiennes anciennes, avant l'intrusion européenne et américaine.

L'univers de Cuchama me parut aussitôt familier, peut-être en raison des éléments primordiaux qui y dominaient ; la montagne, les gigantesques rochers, les bosquets de chênes centenaires, le ciel qui, tel un océan infini, était d'un bleu parfait et le soleil qui projetait sur tout une lumière extraordinaire. J'y retrouvais de nombreuses similarités avec un petit village d'Ardèche, Vogüé, lieu chéri de mon enfance.

J'avais toujours vécu à la ville, et à Paris, pendant des années, j'avais été plongée dans mes études et les livres. Désormais, j'étais en contact avec une réalité nouvelle et je découvrais la richesse infinie du monde des pierres, des arbres, des plantes et des animaux. Babaji, comme toujours, me guidait à travers cette expérience : « Cuchama est une montagne sacrée et c'est un privilège que de vivre près d'elle. Elle se révèle petit à petit à l'être intérieur et devient pour lui un miroir. Elle est purificatrice et elle a une fonction initiatrice. »

Afin de développer en soi la capacité d'aimer, il fallait commencer par aimer les plantes, les oiseaux, les animaux, et toutes les simples créatures que le divin avait créées. J'appris à prendre soin d'elles et me rendis compte que nous faisions partie d'une seule famille.

La vision de Babaji dépasse souvent le temps et l'espace et il est capable de voir les choses dans leur totalité : là où la plupart d'entre nous distinguent seulement un arbre, lui, tel un poète, voit dans cet arbre l'univers entier avec ses racines cosmiques, touchant le sol et implantant de multiples branches, images de la création, comme un banyan géant. Parfois, le futur est reflété dans sa vision, que les événements ultérieurs viennent confirmer.

Il me raconta comment Cuchama lui avait été révélée. Il séjournait alors à Los Angeles, quand chaque jour, pendant sa méditation, il pouvait voir son corps se tourner légèrement en direction du sud-est. Puis il avait la vision d'une montagne. Il n'avait aucune idée de ce que cela pouvait signifier, de quelle montagne il s'agissait ni d'où elle pouvait se situer. Un jour, une amie lui apporta un livre illustré sur la région du sud-ouest de la Californie. En feuilletant les pages, il reconnut la montagne de Cuchama sur une des photos. Il comprit que celle-ci était située précisément à l'endroit vers lequel son corps se tournait intuitivement pendant les méditations.

Dans le passé, lorsqu'il devait prendre une nouvelle direction, le divin lui avait souvent donné des signes. Après avoir vu la photo, il décida de visiter Cuchama. Sur le chemin, il s'arrêta à la dernière demeure, aux pieds de la montagne, et s'enquit du bon chemin vers le sommet. La personne qui vivait là lui indiqua la route et lui dit également que cette maison avait appartenu à Evans-Wentz. Babaji, depuis de nombreuses années familier avec les œuvres de ce chercheur de vérité, décida aussitôt qu'il viendrait s'établir à la montagne, si le divin, d'une manière ou d'une autre, lui octroyait d'acheter cette maison. Celle-ci, pendant plus de deux ans, ne fut pas disponible. Mais enfin, en mai 1988, le jour de la pleine lune de Buddha, il s'y installa pour y demeurer. Celle-ci est située au milieu d'un très ancien bosquet de chênes, et s'appelle *Pilgrim Grove*.

Babaji résolut alors de poursuivre la tâche qu'Evans-Wentz avait entamée. Afin de le protéger ce lieu sacré de l'urbanisation croissante, il encouragea ses amis et ses disciples à acheter les terres adjacentes à la montagne. Les deux cents hectares entourant le sommet de la montagne ont été déclarés par le gouvernement des États-Unis monument national historique et culturel, devant être préservé sous sa forme naturelle. La plupart des terres alentour appartiennent aux États-Unis et au gouvernement de la Californie ; Babaji a tenté de préserver le reste. Son but n'est pas d'en faire un centre New Age comme il y en a tant aux États-Unis, mais d'en faire un refuge, un sanctuaire pour ceux qui sont en quête spirituelle. Evans-Wentz avait déjà ressenti le besoin pressant d'un tel lieu : « À cette époque, peut-être plus qu'à toute autre, les multitudes de citadins ont besoin de cette renaissance spirituelle octroyée par les montagnes sacrées de la terre. Si notre civilisation demeure, elle devra briser ses entraves urbaines et vivre en harmonie avec la Mère. »

À plusieurs reprises, nous arpentâmes les chemins escarpés et difficiles de la montagne, jusqu'au sommet. En observant la roche, l'on pouvait deviner que Cuchama avait été, il y a très longtemps, entourée par l'océan, et que sa partie supérieure avait émergé comme une île.

Certains des rochers qui dominent la montagne revêtent des formes animales les plus surprenantes : l'on peut deviner celle d'une vache, d'un taureau ou encore d'un aigle. Mais celui dont la forme est la plus significative est un *lingama* géant autour duquel se trouve une cour divine en forme semi-circulaire avec, à l'avant, Nandī, le taureau de Śiva. Un tel temple naturel consacré à la déité primordiale Śiva ne se rencontre que rarement, même dans l'Himalaya. Ce *lingama* a été décrit dans le *Śiva Puraṇa* comme situé dans la région du *Pātāla*, de l'autre côté de la terre, dans l'alignement direct et opposé au mont Kailash. C'est un endroit dont l'énergie très forte peut être sentie dans les centres supérieurs du cerveau. Ici, l'on parvient à entendre le murmure divin du silence, qu'Evans-Wentz appelle, en utilisant la terminologie des Iroquois, *orenda*. En langue iroquoise, *orenda* signifie « chant sacré » ou « chanson sacrée ».

Pour les Indiens d'Amérique, *orenda*, le « chant sacré », est une invocation à travers des sons magiques ou mantriques du pouvoir sacré du divin, indéfinissable et infini, une invocation du « grand mystère ».

Nous restâmes assis en silence au pied du *lingama* et je ressentis l'énergie divine qui émanait de ce rocher sacré. C'était en effet la conscience de Śiva, sous sa forme de montagne. Là, Babaji me parla pour la première fois de la connexion entre mont Cuchama et mont Kailash, montagne sacrée du Tibet, et précisa que Cuchama, formée pendant la période jurassique, était beaucoup plus ancienne que Kailash, seulement formée il y a quelque cinquante-cinq millions d'années !

Les Indiens d'Amérique avaient choisi de vénérer Cuchama en raison des forces magnétiques et psychiques qui en émanent. Les montagnes, dans les traditions spirituelles les plus anciennes ont toujours été un lieu privilégié pour les révélations et l'élévation mystique. C'est sur l'Olympe, la montagne sacrée de la Grèce antique, que Zeus résidait et la demeure de Śiva se trouve sur le mont Kailash.

Par ailleurs, à certains endroits, la végétation semble extraordinairement dense et luxuriante pour un climat désertique. Les Indiens d'Amérique expliquent ce phénomène par leur croyance en l'existence d'un lac à l'intérieur de la montagne. À une petite distance du *lingama*, l'on a fait creuser un puits profond qui contient plus d'eau que nulle part ailleurs dans la région, en dépit du fait que le puits soit entouré par d'immenses rochers situés à plus de mille mètres au-dessus du niveau de la mer.

Je découvrais à Cuchama une flore riche et exotique : les grands yuccas, qui se dressent comme des cierges et que l'on appelle les « chandelles du Seigneur » ; les lilas bleus et mauves ornant la montagne au printemps ; les arbrisseaux de sauge officinale, dont le parfum embaume les matins dès l'aube, surtout après la pluie ; la *hierba santa* aux feuilles argentées qui luisent au soleil ; le manzanita, arbre au tronc d'une couleur rougeâtre ; les pavots blancs dont les pétales délicats comme ceux de nos coquelicots disparaissent avec le vent ; les sumacs qui chaque année se couvrent d'élégantes grappes de petites perles rouges. Certaines espèces sont rares et seulement spécifiques à cette région, comme le cyprès de Tecate. Les Indiens connaissaient les propriétés médicinales de toutes ces plantes.

C'est à Cuchama que naquit mon intérêt pour la nature et que petit à petit se révéla en moi cet amour pour les plantes. Lorsqu'elles m'entouraient, je me sentais toujours dans un univers paradisiaque et enchanteur. La magie de la nature ne cessait de me fasciner. Un jour, Babaji observait : « Ce sont les plantes qui ont le plus besoin de notre attention. Ce sont les formes les plus innocentes de la création divine. » Intellectuellement, je savais que nous sommes tous unis les uns aux autres et que nous évoluons ensemble, mais à Cuchama, cela était pour moi une expérience quotidienne. Tout comme nous, les plantes doivent se soumettre au cycle de la vie et de la mort. Tout comme nous, elles sont sensibles aux vibrations et aiment être touchées par des mains délicates. La plante est le point de départ où la matière commence à regarder la lumière. La vie est le principe opposé à celui de la gravitation ; la vie grandit vers la lumière. Pareillement, nous nous dirigeons toujours vers la lumière. C'est pourquoi nous méditons devant la flamme face à l'est car toutes les planètes se lèvent à l'est, l'est étant la source de lumière à tous les plans de l'existence.

Swamiji, observant les similarités entre le règne végétal et le règne humain, comparait le *sādhaka* à un jardinier : « Le *sādhaka* est sur une échelle ; il doit grimper sur l'échelle. Certains échelons sont au-dessous de lui, d'autres sont au-dessus. Le *sādhaka* a plusieurs tendances qui doivent être rejetées, d'autres tendances qui doivent être renforcées et d'autres nouvelles tendances qui doivent s'élever. Tout comme un jardinier doit faire différentes choses afin de transformer une graine en une belle plante, ainsi en est-il pour le *sādhaka*. Tout cela prend du temps. »

À Cuchama, il existe une atmosphère spéciale, que j'ai retrouvée seulement en Inde. La plupart du temps, les jours sont ensoleillés et le ciel est d'un bleu limpide. Les saisons, comme nous les connaissons en Europe, n'existent pratiquement pas. Cette présence permanente, provenant de la lumière du soleil et de l'énergie électromagnétique émanant de la montagne, élève constamment l'esprit.

Les animaux font également partie de notre vie. Nous avons des perroquets d'une beauté exquise qui vivent une grande partie de la journée sur nos épaules et sont de vrais gourmets. L'un deux, Govinda, a appris à répéter le Nom divin et, tout au long de la journée, l'on entend sa petite voix frêle qui vous touche le cœur. Même dans un grand incendie de forêt, il continua de chanter le Nom divin. Le roucoulement des colombes, le son le plus doux que l'on ait jamais entendu, nous enchante à toute heure du jour et de la nuit. Derrière la maison, à l'extérieur des fenêtres, se trouve une volière où se tiennent des paons avec leurs belles plumes et leur musique. Ils aiment se pavaner en déployant leur plumage chatoyant tacheté d'ocelles d'un bleu resplendissant. La composition de couleurs de leur éventail dépasse toute création d'artiste. Tout autour de nous, dans la forêt, vivent des paons sauvages, des cerfs, des coyotes, des lapins, des écureuils, une flore et une faune d'une grande variété.

L'univers des animaux est riche ; chaque créature reçoit et nous donne beaucoup d'amour, et nous avons appris à prendre soin d'eux comme des membres de notre propre famille. Un jour, alors que nous nous promenions, nous passâmes une fourmilière. Après l'avoir regardée pendant quelque temps, Babaji remarqua : « Pour Dieu, il n'y a pas de différence entre une fourmilière et un être humain. Nous sommes seulement la fin du processus évolutionniste. » Puis il nous raconta l'histoire de Vālmīki, l'auteur du *Rāmāyaṇa*. Vālmīki était jadis un bandit, jusqu'au jour où il rencontra un sage qui le convainquit de ne plus voler et de répéter le Nom divin, Rāma. Vālmīki commença à méditer et fut tant absorbé que petit à petit, il fut totalement couvert par une fourmilière. Sa femme fit une offrande pour le délivrer de ce misérable sort : la pluie tomba et Vālmīki émergea de la fourmilière, d'où son nom, Vālmīki[1]. Cette histoire enseigne que tout a une valeur. Comment peut-on savoir si un sage ne se cache pas à l'intérieur d'une fourmilière ou si l'humble mendiant devant nous n'est pas le sage le plus grand ou le Seigneur lui-même en train de nous tester ?

*

Au cours de ces vingt dernières années, nombreux sont ceux qui ont trouvé leur chemin vers Cuchama : certains y viennent en pèlerinage, afin de se « recharger » spirituellement, d'autres y vivent en permanence. Au départ, Babaji vint à Cuchama avec un petit nombre de personnes seulement, et demeura dans la maison qui jadis appartenait à Evans-Wentz, située au pied de la montagne, faisant face à son sommet et au Śiva *lingama*, géant et primordial. Le nombre de personnes s'étant accru, elles allèrent vivre dans un ranch de style californien, la *Road House*, au sud d'un autre ranch plus ancien, le *Grapevine Ranch*. Petit à petit, plusieurs maisons, s'étendant sur environ trois kilomètres, furent acquises pour les besoins de la communauté.

Parmi les personnes qui vivent à Cuchama, Naomi, qui avait rencontré Babaji presque cinq décennies auparavant, est sa plus ancienne disciple. Elle reçut son doctorat à l'Université de Columbia, pour sa thèse sur Swami Ramananda. Après avoir enseigné à l'université pendant de nombreuses années, elle se dévoue maintenant entièrement à la *sādhanā* et aux besoins de tous, comme une mère. Elle est versée dans la philosophie occidentale et orientale et a beaucoup voyagé en Inde et en Europe. Mais, surtout, ce qui la caractérise, c'est sa nature transparente et joyeuse. Humble et effacée, elle serait embarrassée par tant de louanges.

Il y a ici des personnes de toutes sortes issues de milieux très différents. Perry et Randy sont deux sœurs qui viennent de la

1. Le nom Vālmīki signifie en Sanskrit, « né de la fourmilière ».

région de New England. Elles ont reçu leur éducation à Harvard et Yale. Scénaristes, elles viennent d'écrire une histoire que l'on peut appeler une « comédie divine », dans laquelle Jeanne d'Arc se réincarne dans la famille d'un mari américain et de sa femme française.

À part moi, deux autres Européens vivent à Cuchama. Markus, originaire de Suisse, s'occupe de tout ce qui touche aux problèmes techniques et mécaniques des maisons et des véhicules. Il a également une formation de tailleur de pierres et de marbrier, et a lui-même rénové la *Grove House*. Ulf vient de Meissen en Allemagne et est ingénieur de l'environnement. Il s'occupe également de tous les problèmes techniques et, durant ses moments de loisir, il écrit de la poésie.

Cuchama abrite également une réserve naturelle pour les oiseaux et les cerfs. Des faons blessés que l'on trouve souvent dans le sud de la Californie y sont soignés puis relâchés dans la nature. Ceux qui ne peuvent pas retourner dans leur habitat naturel parce qu'ils ne sont plus sauvages ou trop faibles trouvent un refuge permanent dans le sanctuaire. D'une docilité et d'une délicatesse extrême, ils sont le symbole même de l'innocence.

Le *Grapevine Ranch* est une large propriété de quatre cents hectares, parsemée de larges bosquets de chênes et d'une grande variété de plantes sauvages. C'est là que vit un petit troupeau de chèvres nubiennes, caractérisées par leurs longues oreilles et leur port altier. Chacune a sa personnalité, son tempérament, et déborde toujours d'affection. Elles nous gratifient généreusement de leur lait. William, un philosophe, et sa femme Suzanne, une enseignante, s'occupent des chèvres avec un grand dévouement. Ils soignent les animaux malades avec l'assistance de Barbara, homéopathe et professeur à l'université de San Diego.

Margaret, jadis chanteuse et actrice à Broadway et Hollywood, s'occupe désormais des nombreux animaux, comme les chats et les chiens. Elle leur prépare des mets nutritifs qu'elle distribue chaque jour.

Il serait trop long d'évoquer ici tous les détails concernant les gens qui ont vécu ou vivent à Cuchama. Certains, venant d'Inde, d'Europe et d'autres endroits des États-Unis, restent pour une brève visite. Cependant ces visiteurs ne vivent pas comme des invités parce que la plupart d'entre eux font depuis longtemps partie de la famille de *sādhanā* et connaissent Babaji depuis plus de trente ans. Ils participent à toutes les activités comme s'ils vivaient avec nous. Ils sont reçus comme dans une famille et, par conséquent, aucune donation n'est acceptée. C'est l'« économie magique » du milieu divin.

La journée commence avec la méditation de cinq à six heures du matin, après laquelle chacun est occupé soit dans le jardin, soit auprès des animaux, soit encore à la préparation du petit déjeuner, qui consiste en un mélange de fruits frais, de noix, d'amandes et de flocons d'avoine. Après le petit déjeuner, l'on écoute les informations, puis la *satsanga*, durant laquelle Babaji nous parle de manière spontanée de sujets divers. Lorsqu'il voyage ou est absent, nous lisons ensemble les écritures de maintes traditions. Après cela, certaines personnes vont à leur travail et les autres s'affairent aux tâches diverses dans la montagne sacrée.

À midi, un simple repas végétarien, préparé à la maison, est servi. L'on peut ensuite faire une petite sieste ou observer le silence. À trois heures de l'après-midi, nous nous regroupons à nouveau pour prendre le thé, pour la *satsanga* ou pour lire ensemble. Suivent alors les préparations pour le dîner végétarien servi après la méditation qui a toujours lieu au moment du coucher du soleil, pendant une heure. Tous les samedis soirs, et également à l'occasion de la pleine lune et d'autres fêtes spirituelles, nous faisons une méditation du coucher au lever du soleil. Chaque personne, après une heure de méditation, est relayée par quelqu'un d'autre. Pendant la première et la dernière heure, chacun joint la méditation de groupe. Le matin, l'on peut ressentir les vibrations intenses et élevées que les parties supérieures du cerveau peuvent détecter. Babaji explique que ces vibrations sont similaires à celles que l'on ressent dans les temples sacrés de l'Himalaya.

L'on se couche généralement vers dix heures du soir car il faut se lever tôt le matin pour la méditation.

Ce que je décris ci-dessus au sujet des personnes et de leur vie pourrait paraître très anodin à un observateur ordinaire. Vivre ensemble dans le Nom divin, est la force principale qui soutient ce mode de vie. Il est presque impossible de la décrire et l'on peut seulement la comprendre à travers l'expérience. Les médias ne sont pas utilisés pour attirer des gens. Babaji pense que cela a tendance à faire venir ceux qui n'en ont pas vraiment besoin. Il existe une très ancienne tradition selon laquelle l'aspirant trouvera naturellement ce qu'il cherche. Lorsque la fleur est couverte de nectar, l'abeille le trouve. Lorsque celui qui aspire à la vie spirituelle est prêt, le chemin s'ouvre à lui, pas toujours en fonction de ses propres efforts, mais en fonction de son *karma* et de la grâce divine. Il n'est pas nécessaire de se presser pour venir à Cuchama ; si l'on en a besoin, l'opportunité se présentera.

Quand je suis arrivée à Cuchama, après avoir fini mes études à Paris, j'avais vingt-sept ans. Je fus d'abord surprise de voir combien simple et pourtant profonde était cette vie. Étant l'une des plus jeunes, je fus acceptée comme une petite sœur. Les Américains sont fascinés par les Français, les trouvent exotiques et sont amusés par leur accent. Je les divertissais avec des chansons d'Édith Piaf.

Il y avait une autre Française à cette époque, Véronique, qui me prit sous son aile. Elle était responsable du jardin et je devins son assistante. J'appris l'art de planter les graines dans le sol et comment continuer à les nourrir tout au long de leur croissance. Au fil des ans, le jardin s'agrandit. En plus des fleurs et des légumes que l'on cueille toute l'année, nous y ajoutâmes de nombreux arbres, produisant une grande variété de fruits, comme les pamplemousses, les oranges, les citrons, les figues, les prunes, les abricots, les grenades, les amandes, les olives et bien d'autres. Ce verger est une oasis au milieu du désert.

J'ai appris à faire la cuisine indienne et je prends soin des chats qui protègent le jardin des rongeurs et des oiseaux. J'ai également enseigné à UCSD (University of California San Diego), à SDSU (San Diego State University) et à Point Loma Nazarene College. J'ai publié ma thèse sur le Mahatma Gandhi et je poursuis mes travaux académiques. Ces dernières années, je consacre mon temps à l'écriture.

Ce qui me paraît essentiel, c'est que les circonstances extérieures de nos vies ne sont pas importantes. Vivre dans le Nom divin permet de pénétrer dans une région qui ne peut être comprise ni par les sens, ni par le mental, et qui dépasse toute analyse. C'est la réalisation de notre unité avec le tout qui permet de se débarrasser de ce sentiment d'aliénation par rapport à sa propre vie, qui est le fléau de l'existence moderne dans ce monde *high-tech* et postindustriel. Dans cette vie saine et simple, le Nom divin est la clé qui ouvre l'espace intérieur et qui permet de percevoir la source de tout, que l'on cherche souvent à l'extérieur, en vain. À l'extérieur, l'on rencontre des formes variées d'existence ainsi que les complexités de conceptions et de religions conflictuelles. La conscience spirituelle dépasse toute cette obscurité et transcende la variété et la complexité dans un espace inclusif et unitaire.

La vie et l'expérience de l'aspirant sont la preuve de ce phénomène.

Je passai plusieurs années à Cuchama, absorbée par la montagne et tout ce qui faisait partie de notre vie quotidienne. J'avais tellement vécu loin des villes qu'il me semblait parfois avoir oublié le monde extérieur. Cette période m'avait fait évoluer et m'avait ouverte à tant de mondes inconnus jusqu'alors ! J'ai souvent observé combien notre changement intérieur transforme nos perceptions et nos sensations et c'est avec des yeux nouveaux que je regardais autour de moi. Je me sentais en quelque sorte plus proche de tout et de tous, attentive et réceptive aux sentiments des autres, mais avec le détachement d'un spectateur.

Babaji se rend en Europe chaque année et un jour, il m'invita à l'accompagner, ce qui me permit de rencontrer de nombreuses personnes qui étaient sur le chemin de la *sādhanā*. Bien que complètement différentes les unes des autres, elles avaient toutes besoin de direction et d'aide spirituelle dans leur vie.

De San Diego, nous avions pris un vol direct pour Londres, laissant derrière nous Cuchama, cet univers primordial, pur et sain, et nous nous retrouvâmes au cœur de la capitale que Babaji connaissait comme sa ville natale. Il me faisait découvrir avec enthousiasme les coins et recoins d'une cité qui m'était jusqu'alors inconnue.

J'aimais sentir l'énergie créée par cette multitude d'inconnus et regarder ces visages de toutes races, de tous âges, avec leurs désirs, leurs rêves et également leurs souffrances. Parfois, je me sentais mêlée à cette foule, d'autres fois, je me retirais à l'intérieur et il me semblait observer le monde comme s'il s'agissait d'une scène où chaque homme devait jouer son rôle.

À un certain moment, nous nous assîmes sur un banc dans un parc : un père prenait soin de son enfant, les enfants jouaient innocemment, des personnes âgées marchaient avec difficulté. Babaji observa : « La plupart des hommes vivent dans l'illusion, parce qu'ils n'ont pas encore ressenti le besoin de Dieu. Ils vivent pour eux-mêmes, pour satisfaire leur ego, et souvent leur désir n'est pas assouvi. L'évolution de l'humanité est un lent processus. Les êtres humains doivent passer par beaucoup de désillusions et de souffrances, jusqu'au jour où l'âme est prête à trouver refuge dans ce qui n'est pas matériel et temporel. » Et un peu plus tard, alors que nous marchions dans la foule, il ajouta : « Avant notre naissance, il y avait un flot de gens qui vivaient. Ils sont morts maintenant et ceux qui vivent maintenant mourront à leur tour. C'est comme une rivière, une rivière circulaire où les personnes sont recyclées. » Je l'écoutais et tentais de comprendre et d'absorber ses paroles.

Parfois, nous écartant des lieux bondés de touristes, nous disparaissions à travers des ruelles vieilles et tranquilles. En longeant celles-ci, j'admirais les beaux édifices historiques dont la finesse et l'élégance surpassaient celles des constructions modernes et je pensais au passé avec nostalgie. J'exprimai mon sentiment à Babaji. Il m'expliqua que tout cela n'était que temporaire, qu'un jour, tout se transformerait en cendres et que les humains attachent trop d'importance à l'univers physique, comme si celui-ci était éternel.

C'est un sentiment étrange que celui d'aimer ce qui nous entoure tout en sachant qu'il ne faut s'attacher à rien. Je marche aux côtés de Babaji ; il est physiquement près de moi et cependant j'ai cette impression constante qu'une partie de son être demeure toujours en dehors du temps et de l'espace. Il vit dans plusieurs dimensions, certaines visibles, d'autres invisibles.

À Londres, ma visite la plus mémorable fut lorsque Babaji me fit rencontrer l'un des plus éminents poètes anglais de notre temps, son amie de longue date Kathleen Raine. Celle-ci était née à Londres, d'un père anglais et d'une mère écossaise, et avait passé une grande partie de son enfance dans un village de Northumberland. Dans son *Autobiographie*, composée de quatre volumes, elle raconte son enfance, ses années d'études en sciences naturelles à Cambridge et son extraordinaire itinéraire poétique. Son œuvre est importante et s'inscrit dans l'héritage spirituel de Blake et de Yeats, auxquels elle a consacré de nombreux ouvrages. Elle a également fondé l'académie Temenos, dévouée « à l'art et l'imagination ».

En 1943, Tambimuttu, poète tamil et éditeur vivant à Londres, avait publié le premier recueil de poèmes écrits par Kathleen, *Stone and Flower*. Tambimuttu était un grand ami de Babaji et c'est par lui qu'il fut introduit auprès de Kathleen. Dans le dernier volume de son autobiographie, *India Seen Afar*[1], Kathleen évoque cette rencontre avec celui qu'elle appelle « prince Kumar ».

Babaji ne se lassait jamais de lui rendre visite, chaque fois qu'il se trouvait à Londres. Il la rappelait constamment à son « devoir », à cause de ce don inné de poète qu'elle avait reçu, et parce que « dans cent ans, seulement cela demeurera », mots dont elle s'était souvenue dans son autobiographie. Pour Kathleen, muse et poète, la poésie était plus qu'un art. C'était la voie à travers laquelle elle avait accès aux sphères invisibles, le « *mundus imaginalis* ».

Je me souviens de sa maison à Paultons Square et de la vigne de jasmin festonnant la porte d'entrée. Sa demeure était celle d'un poète : son esprit enveloppait chaque chose d'un charme particulier. Kathleen était d'une rare beauté, de cette beauté qui définit les êtres qui brûlent d'une flamme intérieure. Ses grands yeux bleus semblaient perdus dans l'infini, même lorsqu'ils vous regardaient. Sa voix était douce et posée, et j'aimais l'écouter converser avec « prince Kumar », sur la poésie, l'art et de ce qui se passait alors dans le monde politique.

1. *India Seen Afar* (*L'Inde vue de loin*) est le quatrième volume de l'œuvre autobiographique de Kathleen Raine. Il n'a pas encore été traduit en français.

Kathleen nous offrit une tasse de thé, accompagnée des petits sablés de prince Charles, leur ami commun. Puis, après quelque temps, elle nous fit visiter sa maison et le jardin arrière bien arboré et fleuri où elle avait coutume de passer de longues heures. Elle connaissait le nom de chaque fleur, de chaque plante avec la même précision qu'elle arrangeait les différents mots d'un poème.

Je les laissai tous deux et passai dans la cuisine où je préparais du chou-fleur au curry. Cela la ravit et nous dînâmes tous ensemble. Le soir arriva. Elle, assise dans son fauteuil, et nous à même le sol, comme il nous est de coutume. Nous fîmes la méditation et ce fut un moment de communion.

Je revis Kathleen à Paris, quelques années plus tard, alors qu'elle donnait une conférence à la Sorbonne. Elle aimait la France et avait appris le français en lisant *À la recherche du temps perdu* de Proust. Elle était aimée en retour et ses œuvres étaient beaucoup lues. Cette visite resta gravée dans ma mémoire car elle était un être qui vivait pour la poésie et la poésie vivait en elle. Elle nous a laissé ses vers éternels, qui nous font presque sentir l'infini, comme dans ces lignes extraites du recueil, *Le Royaume invisible* :

> «Il n'y a pas de fin, pas d'achèvement – gestes de la danse, pétales de fleurs,
> Phrases musicales, rayons de soleil, les heures
> Se succèdent, et la parfaite sphère
> Fait tourner dans nos cœurs le passé, le futur, le proche et le lointain,
> Notre âme unique, atome, et univers.»

Depuis, en France, en Allemagne et encore dans d'autres pays d'Europe, j'ai plusieurs fois accompagné Babaji. Celui-ci voyage beaucoup, en fonction des besoins des *sādhakas*, bien qu'il ne chérisse rien moins que de demeurer en paix dans la montagne sacrée. C'est là qu'il se ressource et qu'il ne cesse de faire son travail intérieur, de manière invisible et subtile. Bien qu'isolé physiquement du monde, il demeure toujours en contact avec lui. Pour lui, les différences entre chaque culture paraissent insignifiantes. À cause de notre pensée analytique, nous divisons en compartiments tout ce qui nous entoure mais, pour lui, les pays sont comme les différentes chambres d'une même demeure : dans chacune d'elles, l'on apprend des leçons différentes. Ainsi, Swamiji explique que chaque nation est une école : « L'ensemble de l'humanité ne se trouve pas au même stade évolutif. Les nations varient selon leurs étapes évolutives. Les nations ressemblent à différentes écoles, pour ainsi dire, dont l'objectif est d'enseigner différentes qualités. Certaines nations sont plus objectives tandis que d'autres sont subjectives. Certaines nourrissent l'émotion et d'autres sont terre à terre dans leurs perspectives sur la vie. » Afin d'apprécier d'autres cultures et d'autres pays, il est important de les regarder sans préjugé et de voir ce que chacun d'eux a d'unique.

Dans *India Seen Afar*, Kathleen Raine avait justement noté que Babaji « ne croyait pas dans les mouvements de masse, mais dans des petits groupes sans ostentation ». En effet, presque chaque année, afin de guider ceux qui ont besoin de lui, il rencontre personnellement tous ceux qui désirent le voir.

Pour lui, ce sont tous des « enfants de la Mère ». Il écoute chaque personne, toujours avec la même attention, sans formalité, sans distance, comme un père son enfant, comme un ami ou un confident, plus que comme un « maître ». Il ne cherche pas à imposer un mode de vie ou de pensée. Il donne sa confiance, son amitié et un amour inconditionnel. Cet amour est si puissant qu'il transforme la personne. Comment décrire cet amour ? À travers lui, l'énergie divine s'infiltre dans l'autre, entre à travers le cerveau, puis pénètre dans son cœur et dans tous les recoins de son âme. Ses yeux sont capables de percevoir, au-delà des apparences, la réalité et l'essence de chaque être, qu'il soit le plus humble ou un prince, et de toucher cette infime part du divin qui est en chacun.

Ces voyages ont toujours été pour moi une expérience d'une grande richesse. Cela m'a permis de rencontrer tant de personnes dont il a touché l'âme et le cœur et de voir comment, à travers les ans, il les aide à se rapprocher du divin, ainsi qu'il l'a fait pour moi.

Au cours de ces rencontres, les questions qu'on lui pose touchent souvent les aspects essentiels de notre vie. Il répond à chaque personne de manière différente, en fonction de son niveau de compréhension, de son *karma*, et également de sa capacité d'ouverture.

J'ai puisé dans ma mémoire ceux de ces échanges qui m'ont paru les plus significatifs.

Un jour, une jeune femme demanda à Babaji :

– Êtes-vous un maître ?

– Il n'y a qu'un seul maître et c'est Dieu, répondit-il. Je ne me considère pas comme un maître. Certaines personnes m'appellent ainsi, mais je ne suis qu'un serviteur. Je pense être quelqu'un qui aime et qui aide les autres.

Est-il possible d'avancer seul sur le chemin spirituel ? Mon expérience m'a montré qu'un guide est nécessaire. Afin d'apprendre la musique, n'est-il pas essentiel de prendre des leçons auprès d'un maître de musique ? La même chose ne s'applique-t-elle pas si l'on veut apprendre la danse, la médecine ou toute autre activité ? Afin de comprendre la physique, il faut avoir étudié longuement au préalable. La spiritualité n'est-elle pas une science encore plus avancée que la physique ?

En Occident, il y a souvent des idées préconçues sur ce qu'est un maître spirituel. Swamiji explique clairement que le guide est celui qui permet d'élever la conscience de l'aspirant à un niveau supérieur : « Il est plus facile d'allumer une lampe déjà allumée que de commencer à faire un feu et puis d'allumer une lampe. Afin d'apporter l'eau d'une rivière à votre champ, il est plus facile de connecter un champ qui a déjà un canal plutôt que d'en creuser soi-même un nouveau. » Selon lui, le rôle du guide ne se limite pas seulement à montrer le chemin. Comme un jardinier, le guide plante ce qu'il appelle la « graine de la conscience divine», puis il l'arrose et la protège. La relation entre le maître et le *sādhaka* est sacrée.

Pour certains, il vient un moment où la religion ne parvient plus à répondre à l'appel profond de l'âme. Un homme d'une quarantaine d'années, visiblement confus et accablé par de nombreux problèmes, se confie :

– Après avoir tenté plusieurs chemins spirituels, incluant le *Vedanta*, le christianisme et l'islam, je ne parviens pas à trouver la paix.

– Celui qui cherche est toujours limité par son propre mental, explique Babaji. Il est nécessaire d'aller au-delà du mental et de s'ouvrir afin de recevoir l'énergie divine, car seule cette énergie peut vraiment opérer le miracle.

Il lui demande alors de fermer les yeux et de rester silencieux. Puis il l'initie sur le chemin. C'est comme si, pour quelques instants, il transportait la personne sur un autre plan et la connectait directement avec le divin.

Lorsqu'il sort, cet homme a l'air plus léger. Il semble libéré du fardeau qui pesait sur ses épaules et ses yeux expriment plus de joie. Cette rencontre est pour lui le fruit d'une longue quête spirituelle.

Une femme d'une soixantaine d'années, chrétienne, s'est convertie au soufisme. Cependant, quelque chose en elle la pousse à continuer à chercher et elle exprime sa culpabilité pour ne pas avoir persévéré dans une voie ou dans une autre :

– Est-ce une mauvaise chose que d'avoir changé de chemin spirituel plusieurs fois ?

– De l'extérieur, répond Babaji, il semble que ces chemins soient différents, mais en fait, ils ne le sont pas. C'est l'esprit à l'intérieur qui continue de chercher.

Le dimanche qui suit, après la séance de groupe, Babaji parle de la distinction importante entre religion et spiritualité : « Nous ne sommes pas engagés ici dans la pratique d'une religion. Il y a une différence entre la religion et la spiritualité. Lorsque la spiritualité devient institutionnalisée, elle tend à se limiter à des rituels que les gens ne peuvent plus comprendre. Elle se détériore en religion et ne régénère plus de nouvelle expérience spirituelle. Cela est la nature même de toute institutionnalisation. Dieu devient un sujet de conflit parce que l'on oublie qu'il est tout amour pour toutes les créatures. Je ne condamne pas les religions, cela ne servirait à rien. Vous devez vous renouveler perpétuellement dans l'expérience spirituelle. Seulement à ce moment-là, le divin deviendra réel. »

Aujourd'hui, il existe tant de confusions entre la spiritualité et la religion. Certains ne vivent la spiritualité qu'à travers la religion qui leur a été enseignée depuis leur enfance. Il n'est pas rare de voir la religion se transformer en fanatisme. Elle ne cesse de se perdre dans les dogmes et les rituels, à diviser les hommes et à les rendre arrogants et aveugles. Au nom de la religion, combien de crimes ont été commis et continuent encore à être commis ! Le Mahatma Gandhi avait compris le sens profond de la religion : « Par religion, je n'entends pas un ensemble de rites et de coutumes, mais ce qui est à l'origine de toutes les religions et qui nous met face à face avec le créateur. » Et en effet, comme le montre l'étymologie de ce mot, la religion est ce qui « connecte ».

Pour Babaji, les divers chemins spirituels sont tout simplement des chemins différents pour parvenir à la même destination : « C'est comme lorsque l'on fait un voyage, tout le monde n'aime pas prendre le même moyen de transport ou la même route. Il s'agit d'un processus éternel. Éventuellement, nous arriverons tous à destination ! »

Cependant, les religions ne sont que des manuels. Nous devons faire nous-mêmes le voyage vers le divin. Et ce voyage vers le divin est un voyage intérieur. C'est le message que Jésus nous donne lorsqu'il dit que le « Royaume de Dieu est en nous ».

Une jeune fille, d'une vingtaine d'années, semblable à un moineau fragile qui a été blessé, en dépit d'une grande timidité, vient rencontrer Babaji. Les traits de son visage sont délicats et innocents, une grande détresse se lit dans ses yeux et elle parvient à peine à sourire. Elle paraît intelligente et sensible. Babaji lui demande immédiatement :

– Comment te sens-tu à l'intérieur ?

– J'ai l'impression d'être dans l'obscurité, exprime-elle avec difficulté, et j'ai peur de la vie.

– Si tu étais perdue au milieu d'une dense et obscure forêt et que tu rencontrais quelqu'un qui connaissait le chemin, tu le suivrais et tu trouverais ainsi ton chemin hors de l'obscurité, vers la lumière.

– Oui, je me sens perdue, et il y a beaucoup d'arbres là où je me trouve.

Ces mots me rappellent les premiers vers de l'Enfer dans *La Divine Comédie* de Dante : « Au milieu du chemin de notre vie, je me trouvai dans une forêt obscure, égaré hors de la voie droite. » J'ai toujours gardé en mémoire ces lignes de Dante, qui semblent être une métaphore de la vie. La forêt obscure représente notre ignorance et également la « nuit » de l'âme lorsqu'elle est éloignée de la lumière. J'ai souvent pensé que la vie est comme dans cette allégorie, la forêt obscure, et que le Nom divin est le guide qui conduit vers la lumière en donnant la connaissance.

– J'ai beaucoup de craintes et d'idées négatives, poursuit la jeune fille. Je passe de nombreuses nuits sans dormir.

– Avec la méditation et la répétition du Nom divin, les pensées négatives disparaîtront. Ne t'inquiète pas, même à distance, je continue à t'aider car dans ma conscience, la distance physique n'existe pas.

Avant de la connecter au *mantra*, Babaji lui explique que ce dernier est un son aux vibrations puissantes. Lorsqu'il est utilisé dans le silence, cela devient la méditation. Le Nom doit être reçu directement d'un maître et non pas d'un livre. C'est un acte sacré par lequel le maître plante la graine de la conscience divine.

– Quelle est la nature particulière de ce *mantra* ? demande-t-elle.

– Il y a plusieurs niveaux de vibrations dans les sons et dans les mots. Le Nom semble être un mot, mais il est plus qu'un mot. La plupart des mots ont des vibrations qui restent au niveau intellectuel. Le Nom possède des vibrations qui vont au-delà de l'intellect et de l'émotionnel. Il y a une science spirituelle derrière cette connaissance du pouvoir du *mantra*, une science très ancienne, encore plus ancienne que Babylone, Jérusalem ou Bénarès. Le Nom a le pouvoir de faire descendre l'énergie. L'énergie qui est dans le Nom est celle qui donne l'énergie au soleil, au cosmos tout entier, et c'est la raison pour laquelle nous sommes tous connectés les uns aux autres et aussi connectés avec l'univers.

Lorsque Babaji rencontre une personne et la touche par la transmission du Nom divin, cela crée un processus de transformation à l'intérieur. Chacun doit renforcer ce processus en dépendant entièrement du Nom et de celui qui est nommé, qu'on peut également appeler la Mère divine.

Ceux qui ont une démarche plus intellectuelle demandent souvent à Babaji s'il peut recommander un livre pour les aider dans la spiritualité. Il existe tellement d'ouvrages sur ce sujet qu'il paraît souvent difficile de choisir celui qui pourrait apporter quelque lumière. Il leur conseille les œuvres de Swamiji car elles sont basées sur une expérience spirituelle personnelle. Il ajoute cependant que bien que des centaines de livres aient été écrites sur la spiritualité, le vrai livre est déjà écrit à l'intérieur de nous et qu'il peut nous apprendre à le lire. La méditation est plus importante que la lecture d'ouvrages religieux. C'est un dilemme pour ceux qui veulent comprendre la méditation avant même de l'avoir pratiquée. La compréhension intellectuelle ne peut jamais donner le « goût » que donne la pratique de la méditation. « L'on peut lire une centaine de livres sur le café, explique-t-il, mais c'est seulement en buvant une tasse de café que l'on pourra connaître exactement son goût. »

Bien qu'il soit extrêmement versé dans les écritures sacrées de toutes les traditions, depuis les textes sanskrits jusqu'à ceux des mystiques soufis, son enseignement spirituel est simple. Il est aussi difficile. Simple dans le sens où il repose essentiellement sur la foi totale dans le Nom divin et dans l'abandon total à la volonté de Dieu. Difficile parce qu'il exige toute la force de l'être.

Un homme d'une quarantaine d'années, ayant pratiqué le yoga depuis plusieurs années, demande à Babaji :

– Pourriez-vous me dire comment je pourrais ouvrir progressivement en moi les centres d'énergie ?

– Il ne faut pas se soucier des centres d'énergie. La seule chose à faire est de trouver le temps pour méditer régulièrement dans le Nom, et l'énergie divine fera le reste.

Récemment, la pratique du yoga est devenue très populaire en Occident, où elle a pris de nombreuses formes. Celles-ci ont tendance à s'écarter des traditions indiennes dont elles sont issues. Babaji, afin de répondre à sa question, précise qu'il existe deux types spécifiques de yoga, ou de voie spirituelle. La première, traditionnelle, est la voie qui consiste à éveiller et à faire monter l'énergie spirituelle en soi. De nombreuses traditions en Occident et les yogas classiques, comme le *haṭha-yoga* et le *kuṇḍalinī-yoga*, suivent cette voie. La seconde voie ne repose pas sur l'éveil de l'énergie, mais sur la descente de l'énergie divine, invoquée par la méditation mantrique. C'est la voie enseignée par Swamiji. L'énergie dont l'univers est constitué descend en nous lorsque nous l'implorons. C'est pourquoi il est important de répéter le Nom divin et de méditer régulièrement. Les plantes reconnaissent la lumière comme leur source de vie et elles se tournent vers le soleil. De même, l'âme appelle le divin, reconnaissant en lui sa source de lumière.

Durant mes méditations quotidiennes, je dois faire un effort constant pour ne pas me laisser emporter par mes pensées. À plusieurs reprises, comme un présent inattendu et sans aucun effort particulier de ma part, seulement par la répétition du Nom, j'ai ressenti comme une caresse céleste descendre en moi. Cette expérience a nourri et rafraîchi mon être, comme si, au milieu de la chaleur ardente de la vie, j'avais trouvé refuge. C'est un moment que l'on ne peut jamais oublier et qui aide à endurer ce qui paraît parfois une traversée du désert.

Une jeune fille d'une vingtaine d'années semble déprimée et souffrir intensément. Elle vient d'être rejetée par quelqu'un qu'elle aimait :

– Mon cœur a été brisé et il me semble avoir tout perdu !

– L'amour n'est jamais perdu, lui explique Babaji d'une voix réconfortante. Le désir est la seule chose que l'on puisse perdre. Souvent le désir se déguise en amour, trompant même la personne qui ne parvient pas à faire la différence entre les deux.

– Je pensais aimer et avoir trouvé l'amour. Étais-je dans l'illusion et seulement dans le désir ?

– Lorsque l'on éprouve de la frustration, c'est une preuve positive qu'il s'agit de désir. L'amour n'est jamais frustré parce qu'il est une récompense en soi, mais il s'agit de l'amour qui est plus haut que l'amour émotionnel. L'amour émotionnel est exigeant et il ne cesse de supplier et de gémir lorsqu'il est frustré. Il ne peut jamais être comblé. Le désir est une mauvaise herbe dans le jardin de l'amour, qui pousse au prix de l'amour. Tu n'as rien perdu. Tu ne peux pas perdre ce que tu n'as pas.

– J'ai peur d'aimer à nouveau, ajoute-t-elle.

– L'amour humain ne restera pas toujours avec toi, car c'est la nature même de l'amour humain. L'amour divin, lui, ne te quittera jamais. Il grandit en toi, s'épanouit comme une fleur et ne cesse de grandir. C'est la magie de l'amour divin.

Elle comprend la profondeur de ces paroles car elle a déjà fait l'expérience amère de l'amour humain. Elle sent que l'amour dont il lui parle est différent de l'amour humain. Puis Babaji la regarde intensément en disant : « Vois-tu mes yeux, ils te regardent et savent tout ce que tu es ; ils voient en toi, à travers toi et au-delà de toi, parce qu'ils voient le divin en toi. »

Un jeune homme d'une trentaine d'années, célibataire, fait la méditation depuis plusieurs années. Il vient voir Babaji chaque année. Un jour, il se confie à lui :

– En dépit de la méditation, je me sens seul et j'ai en moi un grand désir de combler ce vide en partageant ma vie avec une autre personne.

– Ce sentiment de solitude, explique Babaji, ne peut être résolu que si l'on développe en soi la capacité d'aimer et non pas en espérant que cet amour vienne d'une autre personne. L'on doit prier pour recevoir cette capacité d'aimer et seul l'amour divin peut combler nos désirs.

– Je ne comprends que l'amour humain. Comment puis-je comprendre l'amour divin sans en avoir fait l'expérience ?

– L'amour humain n'est qu'une simple émotion. L'amour divin est plus puissant qu'une simple émotion humaine. L'inclusion et l'exclusion sont des choix qui ne sont pas dignes de l'amour. Tous sont bienvenus et personne ne doit se sentir second. Ce n'est pas l'endroit pour les personnes « élues » parce que chaque âme est spéciale aux yeux du divin.

Il est si difficile de comprendre cela car les émotions humaines sont tellement complexes. Souvent, nous voulons être aimés, nous recherchons l'amour à l'extérieur et c'est pourquoi nous ressentons souvent un sentiment de solitude. La joie vient dans le cœur lorsque nous aimons. Vouloir être aimé est une attitude passive. Aussi, il se peut que l'être qui nous aime cesse de nous aimer ou même disparaisse, et cette perte devient une source immense de douleur. Se rendre compte des limites de ce que nous appelons l'« amour humain » demande beaucoup de temps et de souffrance. Ne dit-on pas souvent que l'amour rend aveugle ? Il est nécessaire d'avoir la foi et de savoir que le divin emplira nos cœurs de cet amour intarissable et durable.

Les personnes qui viennent voir Babaji sont de tous âges. Certaines sont jeunes et pleines d'enthousiasme : il essaie de canaliser leur énergie et de les orienter vers la recherche intérieure. Auprès des personnes âgées, il apporte un grand réconfort spirituel et les aide à se libérer de leurs craintes. Avec l'âge, les illusions de la jeunesse se sont dissipées, et la vieillesse et la mort sont désormais des réalités proches. Notre société exclut la vieillesse, la rend difficile et ne nous prépare pas à cette étape de la vie. Les personnes âgées ne sont pas valorisées comme elles le devraient. Pourtant, dès que nous nous ouvrons à elles, nous découvrons tant de trésors, tant de sagesse et d'expérience.

Une femme âgée, qui a consacré une grande partie de sa vie à la recherche du divin, exprime à Babaji sa crainte de la mort :

– Je crois en Dieu, mais pourtant maintenant que l'heure approche, j'ai de plus en plus peur de la mort.

– Vous êtes un enfant du divin, la rassure-t-il aussitôt, et vous devez savoir que vous êtes aimée. Nous sommes aimés par le divin, plus que nous ne pourrons jamais l'imaginer. Vous ne devez pas vous inquiéter ; lorsque vous partirez, le Seigneur sera là, vous serrant dans ses bras.

Certains demandent à Babaji s'ils sont assez évolués spirituellement ou s'ils sont assez purs, et ces interrogations semblent toujours si sincères et si profondes. Selon lui, celles-ci viennent souvent de l'ego. Être en quête d'états spirituels plus élevés est encore une autre forme de désir. L'on doit avoir une attitude sobre : remercier Dieu pour nous avoir donné la vie et un chemin pour nous rapprocher de lui.

Un artiste d'une cinquantaine d'années s'enquiert auprès de Babaji au sujet de son *karma* :

– Est-il possible de changer mon *karma*, car j'échoue toujours dans tout ce que j'entreprends ?

– Le *karma* n'est pas qu'une question d'échec ou de succès, répond Babaji. L'échec et le succès sont des réalités très compliquées dans lesquelles les permutations et les combinaisons complexes de nos *karmas* précédents sont impliquées. Nous ne devons jamais nous soucier des résultats du *karma*, que ce soit le succès ou l'échec, car ils sont souvent basés sur notre vision relativement étroite et sur nos désirs.

– Mais comment peut-on se libérer des chaînes du *karma*?

– Chaque action doit être consacrée au divin en lui offrant tout, comme l'on offre une fleur sur l'autel. L'échec et le succès deviennent des dualités insignifiantes. Lorsque l'on demeure dans le divin, l'on est toujours victorieux. La vie offerte complètement au divin est une série de succès qui culmine dans l'unité avec tous.

J'ai souvent pensé, après avoir été témoin de ces nombreuses rencontres, que Babaji est comme un «docteur de l'âme». Il parvient à donner une réponse à ceux qui, en dépit de leur quête, n'ont pas encore réussi à trouver un chemin qui satisfasse leur esprit. Pour lui, l'affiliation religieuse est comme un mariage sans amour tandis que la quête spirituelle est l'aspiration amoureuse vers le bien-aimé, dont on ne connaît pas encore l'adresse. Il donne à ceux qui viennent le voir le nom et l'adresse et les met sur le chemin sans former de *credo* ni d'association formelle.

*

L'une des élèves de Babaji a une maison en Allemagne, dans la jolie région boisée d'Heiligensee près de Berlin. En approchant sa demeure, l'on passe par une route presque enchantée où l'on respire les immenses pins verts de la forêt à travers laquelle la lumière fait danser les feuilles. Il me semble toujours pénétrer dans un lieu sacré et primordial. Au printemps, les lilas fleurissent et colorent le paysage de nuances mauves, blanches ou de bleu lavande.

L'atmosphère en Allemagne est très différente de l'atmosphère en France. En observant ces différences, je me souviens de ces lignes de Swamiji: «Chaque nation développe une structure sociale en conformité avec ses caractéristiques. La structure sociale facilite la croissance d'un type spécifique de qualités chez les membres comprenant la nation [...]. Une naissance parmi les Allemands peut aider l'ego à gagner en force et simplicité. Une vie parmi les Français peut conférer une leçon de raffinement. Ainsi, chaque nation et chaque société tiennent leur place dans l'économie des nations. »

Quel que soit l'endroit où Babaji se trouve, il crée une atmosphère chaleureuse et magique autour de lui. Pour lui, les différences de langage et de culture paraissent superficielles : « Il n'y a pas vraiment de vraies différences entre les gens ; il y a plus de similarités que de différences. La crainte, le désir, l'espoir sont communs à tous. »

Comme à Paris, il voit individuellement de nombreuses personnes. Il les écoute, leur parle et les connecte avec l'énergie divine. Il est comme un artiste. Mais ses œuvres sont vivantes : ce sont des âmes humaines, qu'il touche, retouche et remanie, afin de les diriger vers leur vraie destination.

Le dimanche, après la méditation de groupe, Babaji parle souvent pendant un moment. Je me souviens en particulier d'une fois où il parla de la conscience humaine et de Dieu : « Souvent, lorsque l'on pense à Dieu, l'on a le sentiment de distance, dans le temps et dans l'espace. Le divin est assis à l'intérieur de vous en chaque cellule et atome de votre corps. Alors d'où vient cette distance ? La conscience s'est éloignée de sa source. La conscience doit s'élargir et s'approfondir. Vous serez alors capables de comprendre que le divin n'était pas très loin de vous. Votre mental a voyagé trop loin. Avez-vous déjà eu l'expérience d'avoir perdu votre clé, de la chercher partout et de finalement vous rendre compte qu'elle n'avait jamais quitté votre poche ? »

L'intensité de ses paroles crée un courant dans la pièce, qui affecte les personnes présentes. En l'écoutant, tout semble si clair : le divin est à l'intérieur de nous ; nous devons nous en rendre compte. Pour cela, il nous faut commencer à changer notre propre vie et vivre simplement. Un autre dimanche, il donne ce conseil : « Le seul travail que je vous demande de faire, c'est de vous lever le matin, vous laver le visage, prendre une douche et vous asseoir dans un endroit tranquille, et de vous rappeler du Nom divin. Pendant quelques minutes en fonction de vos capacités. Si possible plus longuement, et faites-le à nouveau le soir ou avant de vous coucher. Observez ce qui se passera. »

À travers ses rencontres avec tant de personnes de cultures différentes, de natures différentes, Babaji répand, pour ainsi dire, sa « conscience d'amour » qui a toujours été et sera toujours. Il a dévoué sa vie entière à guider les autres sur le chemin, et nous aide à trouver l'amour à l'intérieur de nous-mêmes afin que nous puissions également aider les autres sur le chemin.

*

Ces dernières années, certains êtres qui m'étaient proches m'ont quittée, me faisant pleinement comprendre l'importance de chaque être sur terre. Lorsque la mort survient, elle met un terme soudain à la relation qui existait entre soi et la personne qui nous était chère.

J'étais à Cuchama lorsque je reçus un coup de téléphone de ma belle-mère, m'annonçant la mort subite de mon père. Crise cardiaque. Quelques heures auparavant, il travaillait dans son jardin, son jardin chéri. Cela l'avait essoufflé quelque peu et après avoir abandonné sa besogne, il était retourné dans sa maison en s'exclamant : « Je ne suis plus bon à rien ! » Il avait toujours été actif et se plaisait à accomplir chaque tâche avec un total dévouement. C'est pourquoi ses mots semblent si lourds de signification et peut-être même symboliques, comme si, inconsciemment, il avait senti sa mort proche. Deux ans auparavant, il avait découvert qu'il souffrait du cancer et avait dû subir une opération au cours de laquelle on lui avait ôté un rein. Il s'était senti décliner petit à petit et je suis sûre qu'il en souffrait. C'est pendant les deux dernières années de sa vie que j'ai renoué avec mon père, après de longues années de séparation. Il avait voulu que je sois présente durant l'opération et m'avait demandé de venir. J'avais alors compris l'importance que j'avais dans sa vie, et que j'étais en quelque sorte la seule personne de son passé avec qui il restait en contact.

C'est à ce moment qu'il avait sérieusement pensé à la mort et qu'il m'avait fait lire son testament. Il voulait que tout soit fait dans la plus grande simplicité et y avait écrit ces lignes : « Je serai incinéré et mes cendres seront dispersées sur la montagne sacrée de Cuchama, un jour de grand vent, par ma fille. »

Jamais, avant le moment précis où je lus ces mots si simples et si puissants, je n'avais compris la profondeur de l'âme de mon père. J'éprouvai à la fois une grande joie et une grande tristesse : joie de le sentir si proche de moi et tristesse due à la pensée qu'il pourrait mourir bientôt.

Mon père était un être aux sentiments profonds et sincères. Il ne les exprimait que rarement et c'est pourquoi ils avaient d'autant plus de valeur. En m'offrant ses cendres, il accomplissait un acte symbolique : au-delà de sa mort physique, il voulait s'unir avec moi, avec ma vie spirituelle, à l'endroit même où j'avais choisi de vivre. Il n'avait pas eu le temps ou la santé pour le visiter, mais il allait maintenant y vivre pour toujours et ses cendres allaient se mêler à la terre sacrée de Cuchama.

Un an auparavant, Babaji et moi lui avions rendu visite là où il vivait, près de la femme qu'il aimait. Il semblait qu'il avait enfin trouvé le bonheur et la paix intérieure après une vie emplie de souffrances. Il avait parlé longuement avec Babaji et s'était ouvert à lui. Je me souviens de ces moments avec bonheur. J'ignorais alors que cette rencontre serait la dernière.

Babaji m'aida à traverser cette épreuve, à travers laquelle nous devons tous passer, un jour ou l'autre. Pendant les quelques jours qui suivirent la mort de mon père, nous célébrâmes en quelque sorte le voyage de son âme vers une autre sphère. Il avait quitté son corps et cette sphère terrestre, mais je savais que son âme, elle, était vivante et éternelle. Au pied de l'autel, je déposai une photo récente de lui sur laquelle il était souriant et serein. Près de la photo brûlait une flamme. À l'intérieur, j'étais consciente de cette réalité irrévocable qu'évoquent ces simples mots : il n'est plus. Cependant, j'avais ce sentiment étrange qu'il se trouvait désormais plus proche de moi. N'est-il pas triste que nous ne saisissions pleinement la valeur d'une personne qu'au moment même où elle nous quitte pour toujours ? La naissance d'un être est une source de joie. La naissance est considérée comme un gain et la mort comme une perte, et nous n'avons pas l'imagination de mesurer cette perte avant qu'elle n'arrive. La certitude, même inconsciente, qu'un jour nous aussi nous quitterons ceux qui nous aiment, se mêle à notre perte présente. Tous ces sentiments créent en nous une profonde affliction par rapport à la mort.

Quelques mois plus tard, je me rendis en France pour venir chercher ses cendres, comme je l'avais promis. Absente au jour de la crémation, je ne fus pas témoin du moment où les flammes transformèrent son corps en poussière. Je garde ainsi de lui une image vivante. Ma belle-mère me tendit l'urne dorée dans laquelle on avait déposé ses cendres. Je fixai mon regard sur l'urne avant de la prendre lentement dans mes mains. La vie est précieuse, le corps si fragile ! En quelques instants, ceux qui sont proches peuvent disparaître.

En même temps, je sais que mon père n'est pas mort, que son âme est vivante et qu'il sera toujours là. Des paroles de Babaji me reviennent en mémoire : « L'univers est constitué de conscience-énergie. Tout est divin. Rien ne meurt ici. La chose la plus importante à l'intérieur de vous n'est jamais née et ne meurt jamais. Elle est éternelle. L'on peut en faire l'expérience. Malheureusement, les gens n'en prennent conscience qu'avant de mourir ou après. Il est important de le saisir maintenant. » C'est pourquoi nous devons nous « éveiller » et comprendre que nous ne sommes pas matériels, mais des êtres spirituels. Il faut prendre soin de cette réalité de notre être, comme nous le faisons pour notre corps.

Une part de moi éprouve les sentiments que l'on ressent après la mort : la tristesse, l'angoisse, le sentiment de la perte de l'être aimé. Mais je sais aussi que tout cela n'est pas la seule réalité, que la mort n'est qu'une phase temporaire, même si, émotionnellement, il m'est encore difficile de passer à travers cette épreuve.

La naissance est un moment de joie et de célébration, cependant, la mort ne doit pas nous attrister. La naissance et la mort sont des expériences nécessaires à l'évolution. Tout sur cette planète est temporaire, tout ce qui est physique est temporaire et tout ce qui naît est inéluctablement destiné à mourir. C'est pourquoi tout attachement est ignorance. Ce sont là les grandes leçons de sagesse connues depuis des temps immémoriaux et pourtant, combien d'entre nous peuvent les comprendre ou même les appliquer ?

Il n'est pas nécessaire d'avoir peur de la mort si l'on comprend le parfait processus qui se cache derrière elle. Le rayon de lumière doit retourner à la source. Le rayon de lumière n'a pas d'existence séparée. Nous et le divin ne sommes pas différents. Tout ce qui est matériel se transformera éventuellement en cendres. C'est pourquoi Babaji répète souvent que la vie est un « test d'intelligence ».

D'où l'importance de penser à la mort. Nous savons que nous allons mourir un jour. Il n'y a aucun doute à ce sujet. Pourtant, dans nos vies, nous n'agissons pas en fonction de cette vérité. Nous vivons comme si nous étions physiquement immortels dans notre corps, à la poursuite d'un désir ou d'un autre. Notre conscience n'est pas encore éveillée. L'essence de toute chose est spirituelle, et non pas physique. Un jour viendra ou il ne restera rien du Taj Mahal ou de l'Himalaya. Même le soleil, la lune et les étoiles avec l'univers et encore d'autres innombrables univers entreront dans l'oubli, se résorbant dans la source d'où ils avaient émergé.

Tout cela n'est qu'un spectacle éphémère et n'est pas la forme permanente de la réalité. La réalité est spirituelle, au-delà du temps et de l'espace. Par conséquent, l'infini est éternel. Sa nature est faite de conscience et non pas de matière.

Afin de nous faire sentir la complexité de ce concept, Babaji nous suggère parfois de faire cette expérience : « Imaginez que vous n'êtes plus et que tout ce qui est physique autour de vous a disparu. Que reste-il alors ? »

Dans son ouvrage *Perspective évolutionniste sur la vie*, Swamiji consacre un chapitre entier au vieil âge et à la mort, les dernières phases par lesquelles tout être humain doit passer. Il explique clairement la nécessité de la mort dans le processus évolutionniste : « L'individu pourrait-il grandir sans la mort ? Il ne le pourrait pas. Le processus de l'évolution est long. Il requiert des expériences de toutes sortes, de pauvreté et de richesse, de pureté et d'impureté, d'ignorance et d'éducation, et de chaque pays et climat. Il requiert l'expérience des deux sexes également. Tout cela pourrait-il être possible dans un seul corps ? Absolument pas. La nécessité, précisément, nous force à mourir et à naître de nouveau dans des circonstances différentes afin d'avoir un ensemble différent d'expériences. Nous changeons de pays, de race et de religion. Ainsi, nous réunissons les expériences nécessaires. C'est un voyage tellement intéressant tout autour du monde. »

Après la lecture de ces lignes, est-il possible d'avoir peur de la mort ? Cette peur vient du fait que la mort physique est généralement considérée comme la fin de toute chose. Or, si tout cesse avec la fin de la vie physique, le processus entier de la vie devient injuste et absurde. Si cette vie est la seule vie que nous avons, d'où viendraient donc toutes ces différences entre les gens ? Certains sont beaux et pleins de sagesse, tandis que d'autres sont le contraire ; certains sont nés dans un corps sain et fort, tandis que d'autres sont faibles et handicapés. S'il n'y avait qu'une seule vie, ces différences seraient injustes et arbitraires et ne seraient pas dignes du processus divin.

Par ailleurs, dans cette courte vie, notre évolution est limitée. Si la mort physique mettait fin à tout, pour toujours, quelle serait alors la signification de la vie ? Il serait difficile d'y trouver un fondement moral et spirituel. Certains philosophes, ayant cette conception, fabriquent des systèmes moraux et leur donnent un impératif catégorique, mais leurs systèmes ne sont que des mots et n'ont pas de fondement dans la réalité.

De telles conceptions viennent de religions étroites où de nombreuses assertions dénuées de fondements sont appelées « révélation » et sont marquées du sceau de la divinité. Les gens doivent croire en ces allégations et leur moindre remise en cause est considérée comme un blasphème. Il faut s'éloigner de ces vues étroites et nous tourner vers la claire lumière de l'expérience spirituelle. C'est alors que l'on voit que la vie n'est qu'un petit épisode de l'existence infinie et qu'elle n'est ni le commencement, ni la fin de quoi que ce soit.

Cet éveil spirituel est remarquablement illustré dans la nouvelle de Tolstoï *La Mort d'Ivan Illich*. Juste avant de mourir, le personnage d'Ivan Illich a la sensation de tomber dans un trou. Mais au fond de ce trou, il est surpris de trouver la lumière. Il se trouve alors libéré de sa crainte de la mort et comprend qu'il n'y a pas de mort. Au lieu de la mort, il voit la lumière.

Il y a quelque temps, j'ai été profondément touchée par les mots d'une femme qui, peu avant de mourir, avait écrit à Babaji une lettre, qu'il ne reçut qu'après sa mort. Déjà trop faible, elle avait dicté à sa fille ces quelques lignes, si vraies et si profondes : « Je pense que je devais marcher sur ce chemin difficile afin que mon âme, qui fut souvent faible, parvienne à la lumière, et je crois maintenant fermement à ma renaissance. Peut-être nous reverrons-nous dans une nouvelle vie ou, encore mieux, dans la Mère divine qui est en nous tous. Je ne serai pas ici pour longtemps, je le sens. Grâce aux livres de Swami Ramananda et grâce aux méditations, je m'en vais désormais en paix. » Et enfin, elle ajoute à la fin de sa lettre cette phrase concise et claire : « J'ai compris le plan de l'évolution et je n'ai pas peur de la mort. »

Cette femme, à la fin de sa vie, avait compris ce que l'intellect seul ne peut parvenir à saisir. Elle n'avait plus peur de la mort car elle savait que celle-ci n'était qu'une étape dans le processus de l'évolution et qu'elle allait naître à nouveau.

La plupart des gens ont peur de la mort, car elle reste un mystère. Ils se demandent ce qui se passe après la mort mais ne parviennent pas à trouver une réponse satisfaisante à cette question. On me demande parfois ce que je pense de la réincarnation et cette question même me semble souvent étrange. Il ne s'agit pas d'y croire ou non. C'est un fait qui doit être reconnu et compris.

La réincarnation est souvent considérée en Occident comme une tradition orientale. Mais on la trouve dans les écrits de Pythagore et de Platon. La réincarnation était enseignée par Origène pendant la période du début du christianisme. Mais en 553 après J.-C., au concile de Constantinople convoqué par l'empereur Justinien, la doctrine de la réincarnation fut déclarée une hérésie et les écrits d'Origène furent brûlés.

De nos jours, il y a pléthore d'ouvrages sur ce sujet. Pour moi, le processus de la réincarnation donne une signification à notre existence. Notre vie présente n'est pas la première. Nous ne pouvons pas nous rappeler nos vies antérieures. Et il en est mieux ainsi : nous avons assez à faire avec notre vie présente ! L'existence serait trop complexe si l'on pouvait se souvenir de nos vies passées. Dans la mythologie grecque, les âmes, avant de revenir sur terre habiter un corps nouveau, doivent boire les eaux du Léthé, le « fleuve de l'oubli », afin d'oublier leurs existences passées. Swamiji appelle cette période, entre la mort et la renaissance, une « période de repos », pendant laquelle nous assimilons les expériences de notre vie passée. Dans la plupart des cas, afin que notre conscience demeure dans notre existence présente, la mémoire de notre vie antérieure ne fait pas partie de notre conscience ordinaire, mais elle reste profondément enfouie à l'intérieur sous forme de *saṁskāra*, tel le disque dur d'un ordinateur.

Ce qui me paraît le plus important à comprendre, c'est que le phénomène de la réincarnation est essentiel au processus de l'évolution, comme l'explique Swamiji : « La réincarnation est une absolue nécessité de l'évolution humaine. Ce que nous pouvons apprendre dans un seul corps n'est que limité. Si tout s'achève avec ce corps, cette expérience isolée n'a point de sens. Cela signifierait que l'évolution serait aussi dépourvue de sens. Nous serions embarqués dans une existence chaotique et sans but, juste un caprice de la nature, que nous ne comprenons pas. »

La vie et la mort sont des réalités inéluctables auxquelles nous ne pouvons échapper. La mort est comme un rideau. Après la renaissance, ce rideau est levé.

Cette conception de la vie humaine est très différente de la philosophie existentialiste. La vie humaine n'est pas une absurdité et, comme l'avait compris Einstein, « Dieu ne joue pas aux dés avec l'univers ». Lorsque l'on discerne le parfait processus qui se cache derrière le mystère de la vie et de la mort, la crainte de la mort disparaît.

Le but de la vie est spirituel. C'est une préparation pour l'immortalité. Les gens pensent que ce voyage n'est possible qu'avec l'existence humaine. Se préparer à la mort est la même chose que se préparer à la vie. Si les gens savaient ce qui arrive après la mort, ils n'en auraient pas peur. Lorsque, dans notre vie, nous commençons à penser à l'immortalité, alors le vrai voyage commence !

J'ai toujours eu ce vague sentiment que mon existence physique n'est pas la première sur cette terre et que mon âme est déjà passée à travers un long processus. De manière poétique, Babaji décrit ce processus comme « *the long journey home* », « un long voyage de retour » : « Le rayon de lumière doit retourner à sa source. Le rayon de lumière n'a pas d'existence séparée. Nous et le divin ne sommes pas des entités différentes. »

Sur le chemin spirituel, certains désirent se libérer de ce cycle et considèrent la libération comme un idéal à poursuivre. Cependant, la libération est un idéal négatif, qui rend la vision étroite et se présente même comme un obstacle sur le chemin. Même le terme de *nirvana* est un idéal négatif. Swamiji affirme clairement que l'idéal à atteindre n'est pas la libération de la sphère physique mais l'union dans le divin: «L'individu qui a atteint l'unité, qui a réalisé l'union complète, n'a pas peur de la mort et n'a pas peur non plus de renaître. Il peut accueillir la mort de la même manière qu'il accepte tout le reste. Même s'il doit venir sur cette sphère terrestre mille fois, il ne le redoute pas.»

Ce désir d'échapper à l'existence physique est, chez certaines âmes infortunées, si fort qu'elles décident de mettre fin à leurs jours, espérant ainsi échapper à leur *karma*. Celui qui se suicide pense que la cessation de l'existence physique abolira pour toujours ses souffrances. Mais, malheureusement, cette conception de la vie trahit une grande ignorance. Après la mort, l'âme continue à vivre en dépit de l'absence d'existence physique. Et la personne qui s'est suicidée se trouve alors face à un grand dilemme: la souffrance mentale et émotionnelle ne cesse plus de la hanter et elle n'a plus la possibilité de s'en délivrer. Le suicide est un acte définitif et irrévocable qui met un terme à l'existence physique, de manière prématurée. Swamiji, dans une de ses lettres, explique les conséquences de cet acte sur le plan de l'évolution: «Le suicide est un péché contre les forces de l'évolution. Le corps physique, en prenant forme, exige la coopération de nombreuses forces subtiles, et celui-ci est supposé acquérir de l'expérience et évoluer. En le détruisant, l'on se charge d'une dette envers ces forces.» En prenant naissance sur terre, nous arriverions en quelque sorte avec un «programme» que nous devons accomplir de notre vivant. Le véhicule physique nous serait donné afin de le comprendre et de progresser. En quittant son corps volontairement, l'individu se trouve dans l'incapacité d'achever son *karma*.

Je me souviens encore du jour où je reçus la terrible nouvelle qu'une de mes plus chères amies s'était suicidée. Soudain, il sembla que le temps s'était arrêté. Elle, qui aimait la vie, qui aimait Dieu, dans un grand moment de dépression, avait quitté ce monde. Je me rappelle du sentiment immense de tristesse qui m'envahit et pus à peine accepter cette brutale réalité. Longtemps je la vis souvent en rêve, de nouveau sur terre. Sa fin tragique me fit souffrir intensément. Il n'y avait pas de remède possible et cela me donnait un sentiment d'impuissance. Souvent, nous oublions que chaque être, sous sa carapace, est tellement fragile.

J'aimerais relater ici un incident important. Quelques jours après le suicide de cette amie, alors que Babaji se trouvait dans sa chambre à la montagne, il entendit qu'elle l'appelait par son nom. Celui-ci demeura immobile. Une amie se trouvait avec lui à ce même moment ; elle entendit également cette voix et s'exclama : « Babaji, entends-tu ? Elle t'appelle ! » D'un geste silencieux, Babaji lui indiqua de quitter la chambre afin de pouvoir communiquer avec l'amie défunte en ces mots : « Continue ton chemin en paix, et le Seigneur, dans sa clémence et son amour, veillera sur toi. » De telles âmes, dans l'état *post-mortem*, sont en grande détresse et ont besoin d'une aide extraordinaire. Après un temps voulu, elle pourra revenir et entrer en contact à nouveau.

*

Il y a quelques années, une expérience m'a fait saisir qu'il y a une conscience permanente et éternelle en nous, indépendante du corps physique. Depuis longtemps, je suis porteuse du virus de l'hépatite C, qui est encore une maladie incurable dans certains cas. Je devais partir à Atlanta, à l'université d'Emory, dans l'État de Georgia, afin de recevoir un traitement expérimental. Celui-ci consiste à faire passer mon sang à travers une dialyse et à le faire chauffer pendant deux heures à une température de quarante-deux degrés, sous anesthésie générale. L'on m'avait informée des risques encourus, mais Babaji m'accompagna et, avec sa présence, cette épreuve devint une aventure spirituelle. Il m'aida à ne pas laisser mon esprit être affecté par les circonstances extérieures et à rester d'humeur joyeuse. Comme l'enseigne la *Gītā*, il faut s'efforcer de demeurer au-dessus des dualités de la vie, que ce soit le gain ou la perte, la victoire ou la défaite, la vie ou la mort.

Le jour de mon opération, après la méditation du matin, Babaji récita les vers du poète indien Niralaji. Ce poème auspicieux, qui invoquait la lumière afin de dissiper les ténèbres et la souffrance, infusa en moi une force nouvelle et c'est avec un sourire que j'accueillis à mon chevet l'anesthésiste. Je sentis l'aiguille pénétrer dans mon bras. Immédiatement, je devins techniquement inconsciente pendant vingt-quatre heures. À mon éveil, je me retrouvai dans la salle de soins intensifs, avec Babaji et une amie dévouée auprès de moi. Je pouvais à peine parler car j'avais un tube dans la gorge. Babaji, qui pendant tout ce temps n'avait pas quitté mon chevet, m'apprit que j'avais été entre la vie et la mort.

Il me fallut un certain temps pour sortir de la confusion dans laquelle je me trouvais. Pourtant, je ressentais un grand bonheur intérieur. Petit à petit, je commençai à me souvenir. Pendant mon sommeil, j'avais compris que mon corps ne pouvait bouger ; mes yeux étaient clos et pourtant je ne cessais d'avoir des visions de toutes sortes. Mon corps était immobilisé, mais mon esprit demeurait libre et je me mouvais dans différentes sphères. Bien que je ne pusse le voir, j'avais souvent cette sensation que Babaji était proche de moi. Il me sembla que, pendant cette période où je n'étais pas « consciente », j'avais constamment une lumière autour de moi, une « lumière d'amour ». Je l'appelle ainsi parce qu'elle m'emplissait de ce sentiment de joie et de bien-être que l'amour donne. J'étais totalement enveloppée par un dôme et plus rien n'existait autour de moi que cette voûte sphérique. J'avais remarqué la perfection de son architecture : de nombreuses arches émanaient symétriquement du centre et je baignais dans cette lumière, d'un ton orangé et reposant dont les reflets devenaient tour à tour mauves ou jaunes. Cette lumière ne demeurait jamais statique et elle ondoyait dans un mouvement incessant. Le dôme m'enveloppait constamment et parfois s'évanouissait pour laisser place à des vagues de lumière, aux motifs et formes géométriques variés et toujours changeants.

Je jouissais de cette lumière qui m'effleurait comme une brise légère et envahissait doucement mes pores. Je n'étais pas dans mon corps, je n'étais pas dans mon mental, cette prison à laquelle nous nous identifions, et cependant je me sentais paisible, sans désir et sans confusion. J'étais alors immobile et il semblait que le temps n'existât plus.

À d'autres moments, au contraire, j'étais en mouvement incessant. Mon corps subtil volait à grande vitesse à travers de grands arbres, une dense forêt pareille à la forêt amazonienne. Il y avait une multitude de verts aux teintes claires et foncées. Les rayons du soleil miroitaient à travers le feuillage. J'avais l'impression de suivre un chemin de lumière à travers les ombrages. À nouveau, j'éprouvais ce sentiment de bien-être, et en même temps de joie enivrante. Je volais aussi à travers des jardins d'une beauté exquise, parsemés de fleurs de toutes variétés aux couleurs chatoyantes.

Parfois, je voyais des enfants assis sur mon lit. Je ne les reconnaissais pas. Ils disparaissaient dès que je commençais à leur parler. Qui étaient-ils ? Des esprits venus d'une autre sphère ? Je ne sais.

Je relatai tout cela à Babaji : il m'expliqua que j'avais fait un voyage astral et que l'intense chaleur subie par mon corps m'avait purifiée à plusieurs niveaux, ouvrant toutes sortes de centres à l'intérieur. Il compara cette expérience à un *tapasyā* très intense.

Durant les jours qui suivirent l'opération, je me sentais comme purifiée à l'intérieur et je comprenais que cela était dû à la souffrance physique : celle-ci, tout comme la souffrance émotionnelle, nous fait grandir, même si cela est douloureux. Elle nous aide à assimiler les leçons nécessaires à notre évolution. Son rôle est de nous éduquer et non pas de nous punir. La souffrance approfondit notre conscience tandis que le plaisir la « dilate ». Ces expériences sont là pour le bien de notre évolution. En comprenant cela, nous sommes prêts à accepter joyeusement tout ce que le divin nous dispense. C'est un idéal difficile à atteindre, mais de plus en plus, je vois que l'acceptation de nos circonstances et l'abandon total à la volonté du divin sont le seul moyen de vivre pleinement et de trouver enfin la joie permanente.

Après cette expérience, le simple fait d'être et d'exister me paraissait un miracle. Je saisis l'importance de la vie, ce qu'elle a d'unique et de précieux, et que cette valeur ne dépend pas, comme on le pense souvent, de ce que l'on accomplit. Je savais maintenant que le monde, visible à nos yeux, ne constitue qu'une partie infime de la réalité. Ce sont les désirs et le mental qui limitent souvent notre vision. Le vrai voyage était le voyage intérieur, à la découverte de l'infinité de notre être. Nous n'en connaissons qu'une part si infime ! Ce qui était extraordinaire, c'est que, bien que je fusse inconsciente à l'extérieur, l'expérience de ma conscience intérieure n'avait jamais été interrompue.

Du plus loin qu'il m'en souvienne, l'Inde a toujours eu une place importante dans mon univers, comme si elle vivait depuis toujours en moi. Durant mon adolescence, j'avais décoré ma chambre d'une lampe ornée de graines de *tulsi*, une plante sacrée de l'Inde ; j'avais peint les murs en mauve et je dormais à même le sol. Cette atmosphère chaleureuse me délectait et, inconsciemment, j'avais créé autour de moi un décor qui paraissait familier à mon monde intérieur.

Je traversais alors une crise intérieure et me rebellais contre la société occidentale et son matérialisme suffocant. J'aspirais à ce monde de l'Orient que je ne connaissais encore que par mes lectures et je m'identifiais à l'historien Michelet lorsqu'il écrivait dans *La Bible de l'humanité :* « Tout est étroit dans l'Occident. La Grèce est petite ; j'étouffe. La Judée est sèche : je halète. Laissez-moi un peu regarder du côté de la haute Asie, vers le profond Orient. J'ai là mon immense poème, vaste comme la mer des Indes, béni, doué du soleil, libre d'harmonie divine où rien ne fait dissonance. »

Certains de mes amis me parlèrent du bouddhisme et du zen et je méditais avec eux de temps en temps. J'avais l'intuition que ce que je cherchais alors, et que je ne pouvais pas encore bien définir, allait venir du monde ancien de l'Est. Je n'avais rien à voir avec ce que l'on appelait alors les hippies ; je tentais désespérément et sincèrement de comprendre la signification et le but de mon existence. J'avais souvent cette impression que, bien que je fusse née en France, mon âme venait d'ailleurs. En découvrant l'Inde petit à petit, j'avais toujours ce sentiment étrange de ne pas vraiment la « découvrir » mais de la retrouver.

C'est à cette période que se fit ma rencontre avec Babaji. Je savais qu'il venait d'Inde. J'ignorais de quelle région exactement et cela d'ailleurs n'avait pas d'importance. Pour moi, il venait de l'Inde éternelle. Il était le symbole même d'une civilisation et d'une tradition spirituelle millénaires. Depuis lors, mon aventure avec l'Inde a été comme une longue histoire d'amour et celle-ci n'a cessé de se révéler à moi comme mon « pays d'origine ».

Au cours de ces dernières années, Babaji ne m'a pas initiée à la philosophie indienne de manière formelle à travers des livres, des séminaires ou des conférences. Son enseignement s'inscrit dans la tradition des *Upaniṣads*, selon laquelle les disciples se réunissent en groupe auprès de leur maître afin de recevoir la connaissance. Et ainsi, chaque fois que Babaji le juge nécessaire, il nous parle afin de mieux nous faire comprendre l'aspect spirituel de telle idée ou de tel événement.

Il s'inspire principalement de sa propre expérience spirituelle et aussi de celle de son maître. Parfois, il commente un vers ou un passage des *Vedas*, des *Upaniṣads*, de la *Bhagavadgītā* et du *Rāmāyaṇa*, ainsi que des poètes mystiques de l'Inde tels Mirabai et Kabir, et également des maîtres soufis, de Jésus et encore de bien d'autres personnalités de traditions variées. Il extrait l'essence de ces enseignements et l'instille en nous afin d'éveiller notre conscience et de nous transmettre les valeurs éternelles et universelles de sacrifice, d'amour et de respect du *dharma*, qui constituent le fondement de la tradition hindoue.

C'est ainsi que l'Inde est devenue pour moi une réalité de plus en plus vivante, élargissant et approfondissant ma conception du divin et de l'univers. Les œuvres de Swamiji ont été également un trésor inépuisable et elles m'ont permis de saisir certaines des idées les plus complexes de la pensée indienne.

Avant de relater mon expérience vécue en Inde, j'aimerais clarifier ici certaines notions essentielles à la compréhension de la spiritualité indienne.

Tout d'abord, qu'entend-on par hindouisme ? L'indianiste Jean Varenne, dans un essai consacré aux Upaniṣads, le définit ainsi : « L'hindouisme est une religion sans fondateur, sans Église, sans nom même, puisque le terme qui la désigne a été imaginé par les Occidentaux. C'est donc l'ensemble des croyances et des pratiques des habitants de l'Inde. »

En effet, l'hindouisme n'est pas un système organisé de religions. C'est un système de croyances, qui s'est transmis de génération en génération par la tradition orale. Il est œcuménique et il est capable d'être divin et séculaire à la fois. Depuis Salomon, l'Inde a été en contact avec Israël et jusqu'à ce jour, elle est le principal refuge des zoroastriens. L'on y trouve l'une des premières communautés chrétiennes fondées par saint Thomas lui-même. En même temps, ce sous-continent est le foyer de centaines de millions de musulmans. Tout cela a été possible car l'Inde embrasse et transforme tout autour d'elle.

Par ailleurs, ce qui est spécifique à l'Inde, c'est qu'elle a réussi à conserver intacte, en dépit de siècles d'invasions étrangères, une tradition millénaire. Le prééminent indianiste Louis Renou dans son ouvrage *Sanskrit et culture*, reconnaissait que « l'Inde est aussi intéressante et aujourd'hui plus importante que l'Égypte pharaonique ; qu'elle résume, depuis la préhistoire, tout un immense effort humain, représente l'exemple unique d'une tradition ininterrompue[1] ».

Qu'entend-on par « tradition ininterrompue » ? Tout d'abord, le sanskrit, la langue sacrée des *Vedas*, est encore vivant et il est l'une des langues officielles de l'Inde, encore enseigné. Chaque matin, l'on peut entendre à la télévision les informations diffusées en sanskrit ! Par ailleurs, les dieux du panthéon indien continuent à être célébrés et adorés avec ferveur comme des réalités vivantes.

En étudiant la Grèce antique, j'avais été fascinée : j'imaginais Zeus sur son trône au sommet de l'Olympe ; j'admirais la divine

1. Louis Renou, *Sanskrit et culture*, Paris, Payot, 1950.

beauté de son fils, Apollon ; je craignais Hadès, le maître des enfers. Ces dieux, ne cessais-je de me demander, avaient-ils vraiment existé, ou bien étaient-ils, comme on me l'enseignait, de simples mythes forgés par les hommes afin d'expliquer les forces mystérieuses de l'univers, ou même de pures créations de l'imagination ? Il ne semblait pas y avoir de réponse satisfaisante à cette question. Avec l'Inde, je pénétrais dans un monde dont les origines étaient encore plus anciennes que celles de la civilisation gréco-romaine. Les dieux de Babylone, de Grèce, d'Égypte, autrefois vénérés, appartenaient désormais à l'histoire, tandis que ceux de l'Inde vivent dans le cœur de chaque hindou et font partie de sa vie quotidienne. Ils représentent un idéal supérieur et un modèle pour les humains.

Cependant, beaucoup se demandent : pourquoi cette multitude de dieux ? Quelle est leur fonction ? Les livres sur la mythologie hindoue peuvent parfois être déroutants et peu clairs. L'hindouisme est souvent considéré polythéiste ou panthéiste par opposition aux religions monothéistes comme le judaïsme, le christianisme ou l'islam.

Dans l'hindouisme, le Transcendantal suprême se manifeste à travers d'innombrables aspects représentés par différents dieux et déesses. L'un et ses multiples manifestations ne sont que les deux aspects d'une même réalité et ils ne s'opposent pas. Dieu, le Transcendantal suprême, est infini et, par conséquent, il ne peut pas être limité par un seul mot ou par un seul aspect : ni le monothéisme, ni le polythéisme, ni le panthéisme, ni le panenthéisme, ni l'hénothéisme ne peuvent le définir car l'infinité du divin est inépuisable. Swamiji, évoquant le potentiel infini du divin, écrit : « Toute manifestation n'est qu'une limitation. »

La réalité transcendantale est représentée par la *trimūrti*, la trinité hindoue, formée par les trois dieux principaux, Brahmā, Viṣṇu et Śiva. Dans *Le Spiritualisme évolutionniste*, Swamiji décrit les différents aspects du Suprême. Il évoque tout d'abord Brahmā, le dieu de la création : « Le Suprême est l'Architecte, celui qui contrôle tout ce qui est [...]. À l'instar d'un maître architecte, il veille au moindre détail, depuis la construction d'un atome jusqu'à la construction des soleils et des étoiles. » Puis il décrit Viṣṇu, le dieu qui préserve l'univers : « Il assure le grand jeu de ce monde, équilibrant la vie et la mort, le plaisir et la douleur, et le bien et le mal. Sa volonté suprême le maintient en bon ordre et ne cesse de le guider. » Et enfin, il décrit Śiva comme le dieu de la destruction : « Il est aussi le Grand Rudra, le Destructeur du monde, l'Esprit de bonté dansant perpétuellement la danse du *tāṇḍava*, réduisant tout ce qui est né au néant. La mort est la condition préalable à la vie. Elle poursuit furtivement toutes les existences comme une ombre. Le Grand Destructeur est le Grand Créateur. Il est le Grand Maître, qui dirige ce spectacle. Tous trois ne sont pas trois ; ils ne sont qu'un, le Suprême. Ils sont un en trois et trois en un. »

Je n'ai pu m'empêcher de citer ce long passage, sublime à mes yeux, de Swamiji. Sa prose lyrique a ce pouvoir d'invoquer la réalité transcendantale et de nous la faire sentir au-delà de l'intellect.

L'univers entier et le divin ne sont que les deux aspects d'un seul et même tout. Tout est divin, vient du divin, évolue dans le divin et retourne au divin. Dieu est immanent et transcendant. Derrière chaque chose se trouve un processus intelligent gouverné par des lois éternelles. Notre mental ne peut saisir qu'une fraction de cette réalité et derrière les événements, heureux ou malheureux, qui jalonnent notre vie, nous ne discernons pas la main toujours aimante du divin qui nous forge et nous façonne, inlassablement. Notre conscience est comme emprisonnée par le temps et l'espace. Seul le saint, l'être réalisé, se trouvant en complète union avec le divin, est capable de voir les dualités de ce monde se résorber en Dieu, le Transcendantal suprême.

Cette réalité, cet absolu, comment l'atteindre ? Comment pouvons-nous vivre dans cette « conscience éternelle », où la mort et la vie ne signifient plus rien ? La distance à parcourir nous paraît souvent effrayante.

En fait, cette distance n'existe pas vraiment parce que Dieu est en nous. Dans les *Upaniṣads*, l'identité de l'*Ātman*, l'âme éternelle, et de *Brahman*, l'absolu, est affirmée dans de nombreux textes, spécialement dans la *Chāndogya Upaniṣad*, lorsque le maître Uddālaka dit à son fils Śvetaketu : « *Tat tvam asi* », « Toi aussi, tu es cela. » Le sujet et l'objet, le microcosme et le macrocosme, l'âme individuelle et l'absolu se fondent en une seule unité. L'aphorisme des *Upaniṣads* : « *Ātmānam viddhi* », « Connais toi toi-même », nous invite à regarder à l'intérieur. C'est le même aphorisme que l'on trouve inscrit sur le portique du temple de l'oracle de Delphes et que Socrate emprunta comme devise, « *Gnothi seauton.* »

Babaji précise qu'un jour vient où celui qui cherche saisit qu'il est le même que celui qu'il cherchait. Il suffit seulement de savoir que le Seigneur est, et que nous grandissons vers la réalisation de sa conscience intégrale. C'est un long processus. À cause de notre vision humaine étroite, explique Swamiji, nous ne pouvons pas encore discerner le tout : « Une fourmi ne connaît que la feuille. Elle ignore l'arbre tout entier. La grenouille ne connaît que sa propre mare. Elle ignore le vaste monde. Nous ne connaissons qu'un aspect, qu'un aspect minuscule de son être. Nous ne connaissons pas le puissant Seigneur, bien que nous vivions et ayons notre être en lui à tout moment. »

C'est ainsi que, depuis longtemps, j'ai vécu en Inde. Non pas dans l'Inde physique et géographique, mais dans l'« Inde de l'imagination », telle que Kathleen Raine l'a décrite dans *India Seen Afar* : « L'Inde de l'imagination est un autre pays ; partout et nulle part il existe. Il est universel, car n'est-il pas, finalement, le lieu de toute arrivée, le terme de toute quête spirituelle ? »

*

Néanmoins, au fil des ans, mon désir de connaître l'Inde, le besoin intérieur d'aller là où mon âme vivait en permanence, n'avait cessé de grandir. J'entrepris l'étude de l'hindi et y travaillai chaque jour assidûment. Je me familiarisais avec la culture indienne. Je regardais les films de l'âge d'or du cinéma indien et découvris en eux une source inépuisable de poésie et de musique. Enfin, lorsqu'un jour Babaji m'annonça que je pouvais l'accompagner en Inde, je bondis de joie : ce à quoi j'avais rêvé depuis longtemps, allait enfin se réaliser.

Là-bas, je parcourus, en bus, en train ou en voiture, de longues distances, qui me firent entrevoir l'immensité de ce sous-continent. Au-delà de son extérieur parfois chaotique, l'Inde constitue une unité puissante et solide. Elle est comme une mosaïque dont les multiples facettes sont liées entre elles par le fil invisible d'une longue et très ancienne tradition. Plus on l'approche de l'intérieur, plus elle se dévoile, comme si elle était formée de strates superposées. En l'explorant en profondeur, l'on ne cesse d'y déceler des trésors enfouis.

Babaji était mon guide suprême. Il choisissait toujours le moment propice pour visiter les lieux sacrés dont il connaissait parfaitement l'histoire et la signification spirituelle.

L'Inde que je vais relater ici est celle qu'il m'a révélée, l'Inde ancestrale, spirituelle et éternelle, celle des dieux vivants, des saints et des poètes. Seuls sont évoqués ici certains lieux et certains événements qui ont touché mon âme et se sont gravés dans ma mémoire.

*

Je me souviens de mes premières impressions à l'aéroport de Delhi. Un sentiment de joie intense m'envahit dès que je foulai le sol de l'Inde. Nous étions soudain immergés dans une foule débordante d'énergie, dans un tourbillon de couleurs vivaces et variées. Il y avait dans l'air une odeur douce et pénétrante. C'était le début de l'hiver et les températures y étaient encore plaisantes. J'avais de la peine à y croire : enfin, je me trouvais dans cette contrée que j'avais imaginée depuis si longtemps ! Je me réjouissais à la vue de tout ce qui m'entourait en regardant par la fenêtre du taxi qui nous conduisait vers notre hôtel à Connaught Place, dans le centre de Delhi, au milieu des sons chaotiques et bruyants des véhicules de toutes sortes qui se frayaient un chemin. Les femmes marchaient dignement et lestement, drapées de leurs saris aux couleurs chaudes et éclatantes ; les hommes, vaquant ici et là, étaient simplement vêtus. Dans les visages et les yeux de ces inconnus, je remarquais une force d'âme vue nulle part ailleurs. J'eus immédiatement la sensation d'être dans un autre monde, qui me donnait un sentiment de bien-être intérieur, comme si, après une longue absence, je me trouvais à nouveau sur ma « terre natale ».

Que ce soit avec le chauffeur de taxi ou encore le *chaivallah*, le vendeur de thé, Babaji se trouvait immédiatement engagé dans une conversation animée et chaleureuse, avec ceux qui passaient sur notre chemin, comme s'il n'avait quitté l'Inde un seul jour. Je ne saisissais pas toujours le sens de leur conversation, mais j'étais fascinée par ces échanges. En chaque individu je découvrais un aspect nouveau de l'Inde. Parfois, en quelques minutes, l'on connaissait l'histoire entière de leur vie, comme celle de ce pauvre *rickshavallah* qui travaillait du matin au soir, buvant seulement un peu de lait le matin, afin de nourrir sa famille qui vivait dans le village d'où il venait. J'admirais souvent la disposition joyeuse de ces gens simples et leur attitude reconnaissante envers la vie, même dans leur condition parfois précaire.

*

Après quelques jours de repos, nous quittâmes Delhi et nous rendîmes en Uttar Pradesh, à Ayodhya, l'une des sept villes saintes de l'hindouisme. Fondée bien longtemps avant que Babylone n'existât, Ayodhya aurait été la capitale du roi de la dynastie solaire, Rāma, le héros du *Rāmāyaṇa*. C'est une ville extrêmement simple, qui semble n'avoir pas changé depuis longtemps : une rue centrale longée de petites boutiques, pratiquement pas de voitures et seulement quelques *rickshaws*.

Nous arrivâmes le jour du festival de Diwali. Selon le récit épique du *Rāmāyaṇa*, Rāma, fils de Daśaratha et de Kaushalya, était le prince héritier d'Ayodhya. Cependant, la plus jeune épouse de Daśaratha, Kaikeyī, désirant voir son propre fils couronné, avait contraint le roi à envoyer Rāma en exil pendant quatorze années en forêt. Sītā, l'épouse de Rāma, ainsi que son frère Lakśmaṇa insistèrent pour l'accompagner. Mais, dans la forêt, Rāvaṇa, le roi-démon de Lanka, l'actuel Shri Lanka, enleva Sītā. Aidé par son serviteur dévoué et fidèle, le guerrier divin Hānumāna, Rāma tua le démon Rāvaṇa. Rāma retourne enfin à Ayodhya, avec sa femme Sītā, où il est sacré roi et Diwali célèbre son retour après ce long exil.

Dans la tradition hindoue, Rāma est le septième *avatāra* de Viṣṇu et Diwali représente également le triomphe de la lumière sur les ténèbres, la victoire des forces du bien sur celles du mal. J'étais émue de me trouver dans cette ville sacrée, à ce moment propice, et je me sentais transportée dans un passé lointain.

Le soir, après notre méditation, nous nous promenâmes dans les petites ruelles. À Ayodhya, comme partout en Inde, chaque foyer était illuminé de lampes à huile et, dans la nuit sans lune, ces lampes brillaient comme jadis pour célébrer le retour de Rāma. Ces flammes vacillantes, formant de longues lignes sinueuses éclairant le visage des femmes pieuses et des enfants, devenaient à mes yeux le symbole vivant de l'Inde. Depuis des temps immémoriaux, en dépit de toutes leurs souffrances, le peuple de l'Inde, imperturbablement, continuait à brûler cette flamme, n'oubliant jamais le sens profond de la vie, qui est celui de la victoire de la lumière sur l'obscurité.

Le retour de Rāma, roi d'Ayodhya et incarnation de Dieu, était célébré avec tant de ferveur que sa présence semblait envahir l'atmosphère et tous commémoraient ce jour avec la même joie qu'avaient ressentie les habitants d'Ayodhya. Rāma vivait dans la mémoire de millions d'hindous.

À l'aube, lorsque je m'éveillai, je ressentis une grande paix qui émanait des lieux. Nous nous rendîmes au temple de Rāma-Janam-Bhūmi, qui commémore le lieu de naissance de Rāma, ainsi qu'au temple dédié à Hānumāna, le Hānumāna Gadī. Ma visite à Ayodhya était ma première expérience spirituelle avec l'Inde vivante. Rāma, Hānumāna n'étaient plus pour moi des figures mythiques de l'Inde. Elles représentaient différents niveaux de manifestations du divin et des réalités vivantes qui semblaient s'animer et prendre vie.

*

Nous nous rendîmes également à Mathura, une autre petite ville très simple, non loin d'Agra, près des rives de la Yamuna. Mathura est le lieu de naissance de Kṛṣṇa, le huitième *avatāra* de Viṣṇu qui, tout comme Rāma, s'incarna sur terre afin de rétablir la justice.

Nous visitâmes le temple qui avait été érigé sur son lieu de naissance et qui attire encore chaque année des millions de pèlerins. Kṛṣṇa était né entre les murs d'un donjon. Son oncle, le cruel roi Kaṁsa, y avait emprisonné sa propre sœur Devakī et son mari Vāsudeva, car une prophétie avait prédit qu'il devrait périr aux mains du huitième enfant de sa sœur. Kaṁsa avait fait tuer chaque enfant de Devakī dès sa naissance afin de se libérer de la prophétie. Cependant, Vāsudeva avait miraculeusement réussi à s'échapper du donjon et avait échangé son nouveau-né avec un enfant divin qui s'était manifesté pour jouer ce rôle. C'est ainsi que Kṛṣṇa fut élevé à Gokul et passa son enfance parmi les bouviers à Vrindavan.

En longeant la rivière, je pouvais imaginer, jouant de sa flûte magique et enchantant les *gopīs*, le divin Kṛṣṇa. Celui-ci danse et joue avec elles et chacune d'elles lui voue une dévotion totale, appelée *bhakti*, qui est la forme de dévotion la plus simple, celle du cœur. Nous passâmes un immense banian aux branches desquelles pendaient des étoffes brillantes. Celles-ci évoquaient les jeux de Kṛṣṇa : l'on dit que celui-ci volait les habits des *gopīs* lorsqu'elles se baignaient et les pendaient dans les arbres. Je me trouvais sous le charme de cette image de Dieu, espiègle, joyeuse et cependant si profonde. L'amour entre Kṛṣṇa et la *gopī* Rādhā est le symbole de l'union divine complète, comme l'expriment ces vers de Mirabai, poétesse mystique de l'Inde du XVIe siècle, dévote de Kṛṣṇa :

«Mon Bien-aimé, accorde-moi Ta vision
Sans Toi, je ne puis exister.
La vie sans Toi
Est comme la mare sans le lotus
Ou comme la nuit sans lune[1].»

Cet amour et cette entière dévotion à Dieu me rappelaient ces lignes de sainte Thérèse de Lisieux décrivant le jour de sa première communion : «Ah, qu'il fut doux le premier baiser de Jésus à mon âme !... Ce fut un baiser d'*amour*, je me *sentais aimée,* et je disais aussi : "Je vous aime, je me donne à vous pour toujours [...]." Ce jour-là ce n'était plus un *regard*, mais une *fusion*, ils n'étaient plus *deux*, Thérèse avait disparu, comme la goutte d'eau qui se perd au sein de l'océan[2].»

À Vrindavan, j'aspirais à cet amour mystique, à cet élan fervent du cœur qui brûle, s'embrase dans le divin et se perd en lui.

*

Tous les douze ans, Allahabad accueille l'un des plus grands pèlerinages hindous, la Kumbh Mela. La ville actuelle est construite sur l'ancienne cité sainte de Prayag. C'est un lieu d'une grande importance car il se trouve au confluent, *saṁgama*, des deux rivières visibles, le Gange et la Yamuna, et de la rivière «invisible» Sarasvatī, qui représente tous les hommes sages et réalisés qui visitent en permanence Allahabad. Émanant de Brahmā, la déesse Sarasvatī se trouve associée à la création.

1. Traduit de l'anglais par l'auteur ; vers publiés dans *The Devotional Poems of Mirabai*, A. J. Alston, Motilal Banarsidass, Delhi, 1980.
2. Sainte Thérèse de l'Enfant Jésus, *Manuscrits autobiographiques*, Office central de Lisieux, 1956.

Principale déité des arts, de la poésie et de la musique, elle représente la connaissance divine.

C'est ici, à Dara Ganj, tout près de la confluence sacrée des trois rivières, que Niralaji choisit de passer les douze dernières années de sa vie. Durant cette période, la poésie de Niralaji célébra le cycle des saisons, ses émotions et son union avec la Mère divine. Il s'éteignit en 1961. Après sa mort, Babaji quitta l'Inde immédiatement pour l'Occident, car Niralaji était le dernier fil qui le nouait à l'Inde. « Je suis l'enfant de Swamiji mais aussi celui de Niralaji », nous rappelle-t-il souvent. Notre visite à Allahabad était en quelque sorte un pèlerinage auprès des lieux où avait vécu ce poète qu'il admirait depuis qu'on lui avait enseigné ses vers dans son enfance. Lui-même poète depuis l'âge de sept ans, il avait intensément désiré se rapprocher de Niralaji qu'il considérait déjà comme son maître. À seize ans, il avait quitté Meerut, où il vivait, pour se rendre à Allahabad dans l'espoir d'être proche de lui. Niralaji, bien qu'il se prît immédiatement d'affection pour lui, le renvoya afin qu'il finisse son éducation. C'est pourquoi, bien des années plus tard, Babaji choisit de poursuivre ses études de philosophie à Allahabad.

Avec trois autres poètes, Jaishankar Prasad, Sumitranandan Pant et Mahadevi Varma, Niralaji avait fondé l'un des plus importants mouvements littéraires de la littérature hindie moderne, le mouvement *chhayavad*, d'orientation mystique. Considéré comme un poète radical et révolutionnaire, il fut le premier dans la poésie hindie à écrire en vers libre.

Non seulement il était un grand poète, mais il était aussi un être réalisé, un *siddha*, l'enfant même de Sarasvatī, s'inscrivant dans la pure tradition des *rishis*, et sa poésie, pure poésie divine, appartient à la lignée des poètes comme Tulsidas, Kabir et Surdas. Poète visionnaire, il est le symbole de l'art à son niveau le plus élevé : la flamme intérieure du poète s'est entièrement consumée dans le feu éternel de la création. J'ai souvent observé le visage de Niralaji, pour l'avoir vu pendant des années sur une photo que Babaji garde toujours dans sa chambre : son intensité se reflète dans la profondeur de ses yeux qui semblent contempler l'infini.

Niralaji ne parlait que rarement et il passait de longues heures dans un silence total, même lorsque ses amis venaient lui rendre visite, comme s'il vivait dans une autre sphère. À la fin de ses jours, il était devenu complètement silencieux : il avait compris que le silence est le langage parfait.

Une ruelle étroite nous mena vers l'ancienne demeure de Niralaji, où Babaji venait souvent passer ses journées lorsqu'il était étudiant en philosophie. Un jeune homme l'occupait désormais et il nous laissa entrer. La chambre était d'une grande simplicité : un lit au centre, des niches au mur, où Niralaji rangeait ses livres. Puis nous marchâmes vers le Gange, où Niralaji avait coutume de faire ses ablutions. Sur notre chemin, quelqu'un reconnut Babaji et en quelques minutes une centaine de personnes se regroupèrent autour de lui, car il avait connu Niralaji. En Inde, les poètes sont encore vénérés comme des dieux !

Nous visitâmes la famille du fils de Niralaji, qui vivait dans une rue adjacente. Ils nous accueillirent comme leur propre famille. Je me souviens encore du visage de l'arrière-petite-fille de Niralaji : ses yeux noirs en forme d'amande, sa longue chevelure brune, sa peau luisante et tannée, et surtout son expression pure et innocente. Elle avait, tout comme son arrière-grand-père, les traits réguliers et parfaits. Me trouvant auprès des descendants de Niralaji, longeant les ruelles où il avait marché chaque jour, contemplant les reflets du ciel sur la rivière où il faisait ses rituels, je le sentais si proche de moi, comme si sa présence invisible était parmi nous.

Niralaji a une place particulière au sein de cette pléiade d'êtres et de lieux qui habitent l'Inde spirituelle. Dans le monde de Babaji, les êtres qu'il a aimés ne meurent jamais, ils vivent intensément dans son cœur et dans son esprit pour toujours.

Souvent, Babaji nous récite les vers de Niralaji en hindi afin de nous en faire apprécier la qualité lyrique. Puis il les traduit en anglais pour nous en faire saisir la profondeur spirituelle.

Parfois, ses poèmes évoquent la chaleur torride de l'été, les pluies durant la mousson ou encore sa dévotion à Dieu. Dans son dernier poème, il écrit ces vers d'une profondeur et d'une simplicité parfaites :

> « Le poison de la vie,
> infecté par la littérature
> s'est épuisé.
> Au plus profond de mon cœur la lampe
> de la divine commande est allumée.
> Un rayon montre la route
> à travers l'obscurité, comme
> l'étoile polaire parmi les constellations[1]. »

Je me souviens d'une nuit en Inde. C'était la pleine lune, l'air était tiède et embaumé. Nous revenions du Gange après l'*arati*. Les bruits de la ville s'estompaient lentement, laissant place au silence. Nous étions assis dans un *rickshaw*, dans cette paix sous les étoiles, quand soudain Babaji, d'une voix tendre et puissante, commença à réciter un poème de Niralaji. Les sons de chaque vers vibraient et dansaient. Le rythme mélodique du poème avait un pouvoir d'incantation qui m'envoûta et me remplit d'une joie profonde. C'était un poème romantique, mais comme tous les poèmes romantiques de Niralaji, il avait également une dimension spirituelle. Jamais auparavant je n'avais entendu ces vers récités avec tant de ferveur : j'avais l'impression d'entendre la voix même de Niralaji.

Firaq Gorakhpuri, le grand maître de la poésie ourdoue, avait également vécu à Allahabad. Babaji nous conduisit près de la maison de ce poète, qu'il avait toujours admiré et aimé. Firaq était professeur de littérature anglaise à l'université d'Allahabad,

1. Traduit de l'anglais par l'auteur ; vers publiés dans *A Season on the Earth. Selected poems of Nirala*, trad. David Rubin, Columbia University Press, New York, 1976.

lorsque Babaji le rencontra pour la première fois. Ils se lièrent d'une longue amitié et passaient de longues heures ensemble ; Firaq était un conversationniste extraordinaire et pouvait s'entretenir avec lui sur tous les sujets. Ses poèmes, composés selon la forme traditionnelle des *ghazals*, sont d'une grande beauté. Tout comme Niralaji, Firaq était un poète mystique, comme l'expriment ces vers invoquant la vision de Dieu : « Il n'y avait rien de manifeste, point de maison, seul ton regard était absent, et lorsqu'il vint, le monde n'était plus. »

Depuis des temps immémoriaux, Allahabad est un lieu d'enseignement. La première chose que je remarquai en arrivant sur le campus de l'université, c'était ce gigantesque banian, arbre sacré dans la culture hindoue, qui s'élevait très haut, créant un large cercle ombragé au-dessous de lui. La lumière était d'une douceur extraordinaire. Tout près de cet endroit avait vécu et enseigné le grand *rishi* Bhāradvāja. C'est son *ashram* que Rāma, accompagné de Sītā et de son frère Lakśmaṇa, avaient visité durant leur exil. Pendant quelques instants, je voyageai dans cette période de l'histoire où la connaissance était transmise aux pieds d'un arbre sacré.

L'université d'Allahabad est encore de nos jours l'un des plus grands centres d'érudition en Inde, avec une tradition qui remonte très loin dans l'antiquité, au temps de l'*ashram* de Bhāradvāja, il y a quelques milliers d'années. Fondée en 1872, elle fut organisée en 1922 sur le modèle de l'université d'Oxford, ce qui lui valut l'appellation d'« Oxford de l'est ». La chaire de philosophie y est l'une des plus importantes non seulement en Inde, mais dans le monde entier. C'est une école de philosophes plus que de philosophie. La recherche y est conduite tant dans le domaine de la philosophie indienne et occidentale que dans celui de la philosophie comparée.

Dès que l'on entre dans l'université, l'on voit une statue en bronze de Niralaji. Près de cet endroit, un homme déjà âgé, mais d'apparence svelte, vint vers nous. C'était le bibliothécaire retraité de l'université. Il reconnut Babaji immédiatement, bien qu'il ne l'eût pas vu depuis plus de quarante ans. Cette rencontre inattendue l'avait rempli d'une joie extrême et il se rappelait en souriant les montagnes de livres que Babaji empruntait lorsqu'il était étudiant. Il se désigna comme notre guide pour le reste de la journée et nous conduit vers le département de philosophie.

L'établissement était simple et élégant. Le bibliothécaire informa les professeurs que Babaji avait été un élève du regretté professeur S. S. Roy. Immédiatement, toutes les activités cessèrent. Nous fûmes conduits dans le bureau de la chaire de philosophie et bientôt nous nous trouvâmes entourés par plusieurs professeurs et un étudiant-chercheur.

En Inde, ainsi que je l'ai constaté à plusieurs occasions, le temps n'est pas une ligne rigide que l'on doit respecter, mais quelque chose de flexible. Cette visite impromptue était considérée comme un événement important et tout le monde laissa spontanément derrière soi ses occupations, comme si nous avions été attendus. L'on nous servit du thé et, le plus naturellement du monde, Babaji, les professeurs et l'étudiant-chercheur se mirent à parler de philosophie et des éminents professeurs du passé, dont les photos sur les murs se trouvaient suspendues. Il y avait tout d'abord le portrait du professeur R. D. Ranade : c'est lui qui avait conféré à la chaire de philosophie d'Allahabad une grande renommée et en avait fait un centre de la philosophie indienne moderne. Le professeur Ranade avait été un grand philosophe, mais surtout il était un homme réalisé, un saint. Il avait une parfaite maîtrise du latin, du grec et du sanskrit, et avait une connaissance profonde tant de la philosophie occidentale que de la philosophie indienne. Pour lui, la philosophie n'était pas une spéculation intellectuelle mais un moyen pour parvenir à la réalisation de Dieu, une *sādhanā*. Ses ouvrages sont bien connus des cercles philosophiques. Dans son étude la plus importante sur les *Upaniṣads*, *Une étude constructive de la philosophie upaniṣadique*[1], il expose les principes éternels des sages anciens

---

1. R. D. Ranade, *A Constructive Survey of Upaniṣadic Philosophy*.

de manière rationnelle. Son approche était révolutionnaire dans le sens où elle opérait une synthèse entre la philosophie occidentale et la philosophie indienne, entre philosophie et religion. Bien qu'il ne fût pas un théologien, il était un philosophe des religions.

Près de la photo du professeur Ranade se trouvait celle de son élève et successeur, le professeur S. S. Roy, qui avait écrit un ouvrage critique sur la philosophie de Shankaracharya[1]. Babaji avait passé une année d'étude de philosophie auprès du professeur S. S. Roy à Allahabad, puis deux autres années à l'université de Lucknow, qui possédait alors en Inde le département le plus important pour l'étude de la philosophie moderne.

Le bibliothécaire nous conduisit chez le fils du professeur Roy, éminent professeur d'histoire. Là encore, nous fûmes reçus sans formalité mais avec la plus généreuse hospitalité, si caractéristique de la culture indienne. Nous nous assîmes dans la véranda où l'on nous servit le thé indien. Babaji et le jeune professeur Roy se rencontraient après plus de quatre décades, mais ils entamèrent une conversation comme s'ils s'étaient rencontrés la veille. De nouveau, j'observai qu'en Inde, les relations demeurent intactes et qu'elles défient l'usure des ans.

Cette visite eut lieu peu de temps après la tragédie du 11 septembre 2001 à New York et, comme l'historien s'exprimait dans un anglais parfait, je pouvais suivre avec fascination ses propos sur les forces historiques qui provoquent un événement si tragique. Il avait une connaissance approfondie de l'histoire de l'Inde et du monde. Il me parla avec détails de la bataille de Tours, au début du VIIIe siècle, et de son importance en Occident : la victoire française avait mis fin à l'expansion de l'Empire musulman en Europe.

Cette visite me fit mieux comprendre l'itinéraire philosophique et spirituel de Babaji. Sa première passion avait été la

1. Shankaracharya est un grand philosophe de l'Inde du VIIIe siècle, qui exposa les principes essentiels de la philosophie védique non dualiste, l'*Advaita-Vedanta*.

littérature ; l'étude de la philosophie avait éteint cette passion. Puis, à travers l'étude de la philosophie, il s'était engagé de plus en plus dans la recherche intérieure et spirituelle. Allahabad avait joué un rôle important dans sa vie. La richesse intellectuelle, philosophique et spirituelle de l'époque où il y avait vécu, notamment grâce à Niralaji, Firaq et au professeur Roy, y était comparable à l'Athènes du temps de Socrate.

*

De retour à Delhi pour quelques jours, nous nous rendîmes près du Fort Rouge, le Lal Qila, qui fut le siège de l'Empire moghol. Non loin du fort se trouve la plus grande mosquée de l'Inde, la Jama Masjid, édifiée sous le règne de l'empereur moghol Shah Jahan. Au bas des hautes marches de grès rouge qui mènent à l'entrée de la mosquée se trouve la tombe de Hazrat Saeed Sarmad. Bien que peu connues, la vie et l'œuvre de ce grand poète et mystique soufi de l'Inde sont pourtant extraordinaires.

Sarmad était né dans une famille juive en Palestine, au début du XVIIe siècle. Il exerçait la profession de marchand, et alors qu'il voyageait en Perse, il se convertit à l'islam. Puis il se rendit en Inde. Là, il rencontra un jeune homme hindou, Abhi Chand, qui éveilla en lui l'amour mystique. Il devint immédiatement un *sannyāsī* et Abhi Chand fut son premier disciple. Sarmad était également un fervent dévot de Rāma.

Ayant déjà acquis une certaine renommée, il fut reçu à la cour de l'empereur Shah Jahan, lequel, plein d'admiration pour lui, le désigna comme tuteur de son fils aîné, le prince Dara Shikoh, héritier apparent du trône du paon. Mais bientôt, le plus jeune fils de Shah Jahan, le tyran Aurangzeb, emprisonna son propre père et fit assassiner son frère, Dara.

Bien qu'il soit souvent connu comme un mystique soufi, Sarmad n'adhérait pas à l'orthodoxie, et fut considéré comme un hérétique. Aurangzeb, sous la pression des *mullahs*, le fit exécuter aux pieds de la mosquée royale de Delhi en 1661. Avec

Aurangzeb, la tyrannie et le fanatisme étaient désormais sur le trône. Si la tradition de Dara Shikoh et de Sarmad avait pu devenir la force dominante de l'islam, les conflits avec l'orthodoxie ne seraient pas présents aujourd'hui.

Néanmoins, jusqu'à ce jour, la tombe de Sarmad est vénérée tant par les musulmans que par les hindous, qui chaque année, par milliers, viennent rendre hommage à ce saint martyr. Nous restâmes quelque temps près de sa tombe couverte d'une étoffe rouge dorée, décorée de fleurs fraîches, et où l'encens brûlait. En silence, nous communiâmes avec ce saint.

Aurangzeb avait détruit toutes les œuvres de Sarmad et seulement trois cent vingt et un de ses poèmes, composés sous forme de quatrains (*rubayats* en persan), ont survécu. Les *rubayats* de Sarmad, tous comme ceux de Rumi, un autre grand poète mystique de la littérature persane, ne cessent d'exprimer la ferveur et la dévotion à l'égard du divin :

> « Sur les rivières des cieux, Son amour coule comme un doux vin
> Au soir de la vie, viens étancher ta soif et goûter le fruit de Son Vin
> Combien de temps encore resteras-tu esclave de ce monde, Ô Sarmad
> Afin de nourrir tes jours, abreuve-toi seulement au divin[1]. »

Sur la tombe de Sarmad, j'avais ce sentiment intérieur d'être connectée avec ce saint, avec cette galaxie d'êtres qui étaient unis dans le divin, sphère invisible dans laquelle Babaji vit en permanence. Il nous dit souvent que pour lui personne ne meurt.

*

Quelques années plus tard, je visitai l'Inde avec Babaji pour la seconde fois et le 26 janvier 2006, jour de la République

1. Traduit par l'auteur ; vers extraits de I. E. Ezekiel, *Sarmad. Jewish Saint of India*, Radha Swami Satsang, India, 1966.

indienne, nous arrivâmes à Chennai, autrefois dénommée Madras. Dans le sud, la culture ancienne semble avoir été mieux préservée que dans le nord. À cause de la location géographique, les habitants du sud ont été moins influencés par les invasions successives et leur culture est demeurée plus traditionnelle. La musique classique indienne du sud, contrairement à celle du nord, n'a jamais subi les influences des invasions des Perses ou des Arabes.

La communauté chrétienne de Chennai est aujourd'hui l'une des plus importantes en Inde. Elle remonte à la présence de l'un des douze apôtres de Jésus, saint Thomas, qui y mourut en l'an 72 après Jésus-Christ. Une église, que nous visitâmes, a été construite en sa mémoire. À l'extérieur de la tombe de saint Thomas, des femmes avaient dessiné sur le sol un *rangoli*, motif traditionnel tracé à l'aide de poudres de couleurs variées, afin de protéger un lieu sacré. La dévotion en Inde, quel que soit son objet, est toujours riche de couleurs et de vie.

Je ne pouvais me lasser d'admirer combien l'Inde accepte et embrasse naturellement toutes les formes du divin. Ici, comme dans tous les lieux consacrés où nous nous rendions, des petits portraits de divinités étaient vendus dans les échoppes comme souvenirs. À côté du panthéon des dieux hindous, le portrait de Jésus y est toujours inclus.

Le véritable esprit chrétien y semble plus vivant qu'en Europe ou en Amérique. En Occident, l'on prête plus d'attention aux formes extérieures qu'au contenu intérieur, ce qui s'oppose à l'enseignement de Jésus lorsqu'il parlait de nettoyer l'intérieur de la coupe afin que l'extérieur soit également propre. En Inde, l'on prête plus d'attention à l'intérieur de la coupe.

J'étais vraiment émue de me trouver dans ce lieu et de rendre hommage à l'un des apôtres de Jésus.

*

C'est à Adyar, au sud de Chennai, que s'établirent les quartiers généraux de la Société théosophique, fondée en 1875 par une figure spirituelle importante, l'aristocrate russe Helena Blavatsky, et par le colonel H. S. Olcott. Cette même année en Inde, Swami Dayananda Saraswati, avait donné naissance à un mouvement de réforme hindoue, l'Ārya-Samāj qui, de 1878 à 1882, s'associa à la Société théosophique sous le nom de Theosophical Society of the Ārya-Samāj.

Les jardins de cette institution sont d'une grande beauté et le calme qui entoure les lieux est frappant ; une oasis au milieu des bruits de la ville. Il y a un banian gigantesque dont les branches prennent racine et viennent s'entrelacer avec les autres branches. L'arbre lui-même ressemble à un temple.

La Société théosophique, en diffusant largement les textes sacrés de l'Inde, contribua à la découverte de la spiritualité indienne en Occident. Elle propagea les idées centrales de l'hindouisme, comme la notion de *karma* ou le concept de la réincarnation, et joua ainsi un rôle important dans les mouvements ésotériques et spirituels modernes. Grâce à la personnalité de madame Blavatsky, puis à celle d'Annie Besant, son successeur, la société eut une grande influence, tant en Orient qu'en Occident. Mais, progressivement, elle perdit le contact avec les gens parce que ceux qui étaient à la tête de ce mouvement appartenaient principalement à l'aristocratie indienne et européenne. Elle devint peu à peu un club de personnes choisies, en quelque sorte coupées de la vie en général. Cette coterie, incluant entre autres madame Blavatsky, Annie Besant, et le jeune Krishnamurti, était constituée de riches disciples pour qui la théosophie devint une recherche réduite aux doctrines et aux théories, aux dépens de la pratique spirituelle et de la transformation qui en résulte. De tels mouvements ne sont pas ancrés dans le sol et se flétrissent, dépourvus de nourriture spirituelle et de renouveau. Aujourd'hui, en dépit de ses promenades bien entretenues et de ses charmants bâtiments, la Société théosophique donne plus l'impression d'un musée que d'une réalité vivante.

*

Quelques jours plus tard, après un merveilleux voyage en train de vingt-huit heures, nous arrivâmes à Kolkata (autrefois connue sous le nom de Calcutta), la capitale du Bengale occidental.

Nous nous rendîmes au temple de Dakshineswar, à environ vingt kilomètres au nord de Kolkata, là où Shri Ramakrishna, le maître de Swami Vivekananda, avait été prêtre. C'est là que, pendant son service à la déesse Kālī, Shri Ramakrishna entrait souvent dans une transe spirituelle.

Nous restâmes assis un long moment, en silence, dans la chambre où il avait vécu. Celle-ci, emplie de lumière, était d'une grande simplicité : le lit, quelques oreillers, ainsi que les objets qui avaient appartenu au maître avaient été maintenus tels quels. Bien que le temple à l'extérieur fût empli de dévots, l'atmosphère de la pièce était calme et chargée d'énergie spirituelle. Sur le mur se trouvait une photo de Ramakrishna : sa présence était pareille à une flamme et sa complète dévotion à Dieu émanait de son âme. Tout près se trouvait le *bungalow* où avait vécu son épouse et disciple Sarada Devi. Son visage était d'une grande beauté : elle était également devenue un maître spirituel.

Un peu plus tard, Babaji raconta que lors de la visite de Swami Dayananda à Kolkata, Shri Ramakrishna était venu l'écouter parler de sujets spirituels. Juste avant le coucher du soleil, Swami Dayananda se leva pour le *sandhyā*, la méditation du soir. Shri Ramakrishna lui demanda alors :

– Est-il nécessaire de faire la méditation ?

– Cette existence est comme un pot, répliqua Swami Dayananda, elle doit être nettoyée spirituellement deux fois par jour.

– Que doit-on faire si le pot est en or ? rétorqua Ramakrishna.

Swami sourit simplement et disparut pour sa méditation. L'intérêt de cette histoire est que Shri Ramakrishna questionne la nécessité de la méditation quotidienne pour une personne déjà réalisée. Swami Dayananda montre que celle-ci a une valeur qui va au-delà de la nécessité personnelle parce qu'elle offre un exemple à ceux qui en ont besoin. Elle permet d'éviter l'écueil de l'ego, qui se croit au-dessus du besoin de méditer.

Nous traversâmes en barque la rivière Hooghly, pour nous rendre à Belur Math, ancienne résidence de Swami Vivekananda, devenue aujourd'hui le quartier international de la mission de Ramakrishna. Ce lieu a développé une aura d'attraction touristique et l'atmosphère d'une retraite spirituelle y est à peine perceptible. Babaji expliqua alors que toute spiritualité laisse derrière elle des « débris », que l'on appelle religion et que « le seul moyen de ne pas laisser la spiritualité se dégrader en religion est de conserver intacte la vie intérieure, et non pas seulement les formes extérieures ». Puis il ajouta : « Un jour, je ne serai plus ici ; alors rappelez-vous toujours de celui qui est invisible, de celui qui vous aime personnellement et qui prendra toujours soin de vous. » Ces paroles firent naître des larmes dans mes yeux. Je pensai que la seule manière de vivre était de s'offrir au divin et de continuer à faire brûler en soi cette flamme, éternellement.

À Kolkata, dans une petite ruelle, se trouve le temple de Kalighat dédié à l'une des déités principales du Bengale, Kālī, la « déesse noire ». Celle-ci représente dans la tradition hindoue la puissance du temps qui dévore tout, et par conséquent, elle est également le symbole de la mort. Divinité mère, elle est l'épouse de Śiva, sa *Śakti*. Souvent représentée sous sa forme la plus terrifiante, la peau couverte de cendres, avec plusieurs bras, sa langue pendante, ruisselante de sang et le cou ceint d'une guirlande de crânes de démons, elle apparaît aussi sous sa forme blanche et bénéfique, Gaurī. Pour les Hindous, la forme effrayante ou la forme angélique ne sont pas contradictoires : la divinité contient en elles toutes les qualités.

Le temple actuel n'a pas plus de deux cents ans mais l'adoration de Kālī en ce lieu remonte à des temps très anciens. Une longue file de personnes, venues de tous les coins de l'Inde pour recevoir la bénédiction de la mère Kālī, se tenait à l'extérieur du temple. Après une longue attente, nous pénétrâmes à l'intérieur. Au centre se trouvait une statue représentant la déesse : une simple pierre noire polie et décorée d'or et d'argent. À sa vue, je ressentis aussitôt une grande énergie. Un prêtre veillait sur la statue. Lorsque l'on passa près de lui, il récita quelques vers en sanskrit et nous posa un *tilaka* sur le front. Je lisais tant de ferveur sur les visages des dévots dont la simplicité et la foi étaient touchantes.

Dans ce temple, comme dans tous les lieux sacrés que je visite, je me sens souvent étourdie par la profusion des sons et des couleurs. Le temple hindou n'est pas un lieu où la religion est enseignée : c'est un lieu d'offrande et de joie, où chacun se rend pour sentir la grâce divine. Il n'est pas coupé de la vie. C'est une expérience si différente de celle que l'on éprouve dans une église ! Des fleurs fraîches, des *mālās* et l'encens sont offerts à chaque moment. Souvent une lampe y brûle nuit et jour, célébrant la divinité comme vivante sous nos yeux et non pas dans quelque lointain paradis !

Ici non plus, l'on ne s'attarde pas. Il s'agit seulement d'être présent, de sentir l'énergie spéciale du lieu et de se mettre en harmonie avec lui. C'est comme si Babaji me connectait invisiblement à ces réalités atemporelles. En quittant Kalighat, il remarque simplement : « La chose la plus importante est de se souvenir du divin à l'intérieur. Le vrai temple est à l'intérieur de nous-mêmes. Tout est à l'intérieur de soi, toutes les déités. » Ses paroles me font percevoir la réalité autour de moi dans une perspective nouvelle : le divin est ici, dans les temples, et le divin est en nous. Il n'y a pas de séparation. La séparation est créée par le mental. L'Inde est ce pays où je me trouve physiquement et l'Inde est en même temps une réalité à l'intérieur de moi.

*

À Howrah Station, nous quittons Kolkata et nous prenons le train en direction de Varanasi, plus connue sous le nom de Bénarès. Ces longs voyages en train sont pour moi fascinants. Dès que l'on quitte la foule bruyante de la ville, sur des centaines de kilomètres, je regarde filer les champs, les uns après les autres, à l'infini. Je distingue parfois quelques paysans labourant la terre avec leur animal ; des femmes en saris colorés, courbées et occupées à la récolte, ou encore des enfants qui s'amusent dans les villages que l'on entrevoit.

C'est l'Inde d'un million de villages entourés de champs verts et de forêts, loin de l'Inde urbaine, rapidement modernisée et occidentalisée. L'Inde rurale est la vraie Inde. De la fenêtre de mon compartiment se déroule rapidement devant mes yeux ce panorama de cette Inde intemporelle qui a peu changé depuis des millénaires. L'on continue à y voir l'araire védique tiré par les bœufs comme à l'époque du *Mahābhārata* et du *Rāmāyaṇa*, il a plus de cinq mille ans.

Comme nous traversons l'État du Bihar se dessinent à l'horizon des montagnes qui contrastent avec le plat pays. Celles-ci me font penser à Cuchama. La région est sèche, parsemée de quelques arbres ici et là.

Nous passons la ville de Gaya, non loin de Bodh Gaya, où Buddha atteint l'illumination sous l'arbre Bodhi. C'est aujourd'hui l'un des plus grands lieux de pèlerinages bouddhistes du monde.

Je voyage à la fois dans l'espace et dans le temps, et je me sens doucement absorbée par le paysage et les jeux de lumière au moment du coucher du soleil. En sortant du Poorva Express, le train qui nous a menés à Varanasi, j'observe un groupe de *sādhus* qui chantent au crépuscule des *bhajans*, assis simplement à même le sol, et leurs voix emplissent l'atmosphère d'une ferveur sacrée. Nous prenons un *rickshaw* vers le centre. Dans la nuit, je me sens plongée au cœur de cette cité ancienne. Les rues deviennent de plus en plus étroites et les traces de la vie moderne s'estompent lentement.

Varanasi est l'une des sept villes sacrées de l'Inde. Elle se situe sur la rive ouest du Gange, à la confluence de la rivière Varuna et de l'Asi. Le nom le plus ancien de cette cité est Kashi, la ville de lumière. L'écrivain Mark Twain écrivit après l'avoir visitée : « Bénarès est plus ancienne que l'histoire, plus ancienne que la tradition, plus ancienne même que la légende, et a l'air deux fois plus ancienne que toutes les trois réunies ! » Bien qu'elle soit l'une des plus anciennes cités du monde, avec Jérusalem et Athènes, les mêmes coutumes, les mêmes traditions et rituels continuent à être transmis, de génération en génération, imperturbablement.

Dès l'aube, nous marchâmes le long des *ghats*. Il s'agit des longues marches qui descendent sur la rive, s'étendent sur environ sept kilomètres le long du Gange, et où les hindous prennent leur bain rituel. Nous nous assîmes quelques instants sur une petite plateforme, afin de rendre hommage au Gange et à Kashi, silencieux près de cette présence éternelle. La lumière du soleil dissipait lentement la brume matinale qui enveloppait encore la rivière. Quelques barques glissaient sur les eaux.

Hommes, femmes, enfants viennent sur les *ghats* et les descendent afin de s'immerger dans l'eau purificatrice du Gange. À Bénarès, comme partout en Inde, le Gange a une grande importance et la vie s'organise autour de lui. Jawaharlal Nehru, combattant de la liberté et Premier ministre de l'Inde, écrivit un hommage au Gange dans son testament : « Le Gange, tout particulièrement, est le fleuve de l'Inde, bien-aimé de son peuple, autour duquel sont entrelacées ses mémoires raciales, ses espoirs et ses craintes, ses chants de triomphe, ses victoires et ses défaites. Il coule à jamais, à la fois immuable et changeant, un symbole de la culture éternelle de l'Inde et de sa civilisation. » Je me perds à le contempler. Sur la rive opposée, la nature a été laissée intacte et sans ingérence humaine.

Le soir, juste après la méditation, nous nous rendons à Dashashwamedh Ghat. D'après la légende, Brahmā y aurait sacrifié dix chevaux. C'est là que, depuis des siècles, l'*arati* est célébrée. Une grande foule se trouve déjà assemblée pour la cérémonie qui vient à peine de commencer. Nous nous asseyons sur les degrés de pierre, sur lesquels ont été allumés de multiples *dīpa*, des lampes qui scintillent dans la nuit obscure. Face au Gange, trois prêtres performant l'*arati* tiennent un grand plateau dans lequel brûlent des douzaines de flammes baignant dans le *ghee*, du beurre purifié. Ces flammes éclairent leurs visages. Les yeux clos, ils sont totalement absorbés par l'accomplissement du rituel. Ils récitent des lèvres des prières en sanskrit tandis qu'une voix sortant d'un haut-parleur emplit la nuit des sons puissants, anciens et sacrés des hymnes védiques. Les prêtres sont d'une grande beauté, une beauté qui vient de leur dévotion intérieure et leur expression est profonde et sereine.

Tout au long du rituel, les prêtres tournent lentement sur eux-mêmes en marquant une pause aux quatre points cardinaux, en forme d'hommage à la déité de chaque direction. Tous leurs gestes, accomplis avec grande précision, semblent avoir un sens symbolique qui remonte à des temps immémoriaux. Puis les trois prêtres, en parfaite harmonie, offrent au Gange des pétales de fleur, font des mouvements circulaires tantôt avec le plateau de lampes, tantôt avec une conque emplie d'eau du Gange, ou encore avec des plumes de paon. Je suis comme envoûtée par la beauté de ce spectacle. Il me semble être le témoin d'une chorégraphie cosmique, de la danse éternelle des flammes divines et des sons sacrés, sur les rives du Gange céleste, dans la plus ancienne cité du Dieu Śiva.

Les prêtres soufflèrent dans leurs conques et l'on eût dit que leur son résonnait dans les cieux, obtenant la faveur des dieux qui semblaient verser leurs bénédictions sur cette vaste cérémonie de sons, de lumières, de parfums et de couleurs. Puis nous descendîmes les marches et, comme chacun autour de nous, nous déposâmes des pétales de rose dans la rivière sacrée. Babaji me bénit en déposant sur mon front des gouttes d'eau du Gange et des cendres de *l'arati*. Je me souviens alors qu'il parla de la signification originelle de l'*arati* : « C'est un appel à l'aide lorsque l'on est en détresse. C'est la version divine du SOS. »

Pendant la cérémonie, mes yeux se remplirent de larmes. Il me semblait être dans un vaste temple, mais le toit était le ciel parsemé d'étoiles, illuminé par les flammes et le Gange coulait à nos pieds. La nuit était si douce et si intense comme suspendue dans l'éternité. « Seul l'Éternel est éternel », murmura Babaji, et ces mots vibrèrent profondément en moi.

Peu de temps après, nous continuâmes à marcher le long des *ghats* vers Manikarnika Ghat (*mani* : « pierre précieuse » et *karnika* : « boucle d'oreille »). Selon la légende, c'est là que Pārvatī aurait perdu sa boucle d'oreille, et que Śiva, son époux, l'aurait trouvée. Sur ce *ghat*, depuis les temps anciens, les morts sont incinérés. Se faire incinérer à Varanasi est pour les hindous un grand privilège. Babaji explique que Śiva et Pārvatī veillent sur l'âme du corps transformée en cendres et tentent de dénouer les nœuds *karmiques* de sa vie. La crémation, en libérant les corps les plus subtils du corps physique, mort désormais, aide l'âme à se libérer de ce « mécanisme » qui ne fonctionne plus.

Dans la nuit, environ sept bûchers funéraires brûlaient ; des hommes y veillaient constamment. Les flammes et une épaisse fumée emplissaient le ciel noir. À travers le labyrinthe des ruelles étroites de l'ancienne cité, un corps enveloppé d'une étoffe chatoyante, aux couleurs orange et dorée, avait été conduit ici par quelques hommes, scandant à voix haute et à l'unisson : « *Rāma nāma satya hai* », « Le nom de Rāma est la vérité. » Ici, la mort n'est pas un tabou, quelque chose que l'on essaie de cacher ou d'éviter. Elle coexiste avec la vie.

Je ne ressentais pas de tristesse en regardant ces bûchers où les corps disparaissaient dans les flammes ; je songeais à l'inéluctable destinée de chaque vie. C'est là que, curieusement, au-delà de la réalité physique de la ville, le caractère sacré de cette cité se révéla à moi, et je commençai à saisir le mystère derrière ces mots de Babaji : « Il y a la cité physique de Varanasi, mais il y a aussi la cité sacrée de Śiva, l'Éternel. »

En effet, Kashi est la ville de Śiva. Depuis plus de mille ans, le Śiva *lingama* se trouve dans le temple Vishvanatha. Depuis le XIIe siècle, Varanasi a été détruite à plusieurs reprises par les armées musulmanes et au XVIIe siècle, l'empereur Aurangzeb avait même construit une mosquée sur les ruines du temple, afin d'affirmer la suprématie de l'islam sur l'hindouisme. Le temple présent, reconstruit en 1776, est l'un des plus importants en Inde.

Dès l'aube, Babaji se rendit seul au temple et revint avec une *mālā* autour du cou, et trois lignes parallèles sur le front, marques sacrées de Śiva. Puis, il me suggéra de m'y rendre, même si l'entrée est autorisée seulement aux hindous. Plus tard, dans la matinée, après m'être frayée un passage à travers la rue étroite qui mène au temple, j'arrivai à la porte et les policiers me laissèrent passer. Mais les femmes qui me fouillaient s'y opposèrent :

– Nous ne laissons entrer que les hindous !

– Je suis hindoue, rétorquai-je, dans mon hindi le plus correct et d'un ton ferme, je médite deux fois par jour depuis des années !

Désarmées, elles m'offrirent un large sourire et me laissèrent pénétrer dans le temple.

Au milieu d'une cour intérieure se trouvait le Śiva *lingama*, une simple pierre noire posée au sol. Je restai quelques moments recueillie, puis un brahmane déposa une *mālā* autour de mon cou et posa les marques de Śiva sur mon front. J'avais le sentiment de ne plus être dans la cité physique de Varanasi mais dans la cité éternelle de Śiva.

Ce jour-là, alors que nous nous promenions, Babaji me confia : « Chaque jour pour moi est une bénédiction ; dans le soin constant avec lequel chaque chose est arrangée avec minutie dans ma vie, je ressens la main délicate du Seigneur. » Et il ajouta : « Afin d'être toujours avec Dieu, il est nécessaire de se centrer constamment à l'intérieur sur le Nom divin. » C'est ainsi que, au cœur de la ville sainte, au coin d'une ruelle, il me faisait comprendre la signification profonde du chemin spirituel.

*

À dix kilomètres au nord de Varanasi se trouve Sarnath. C'est là que Buddha vint prêcher son premier sermon au VIe siècle avant l'ère chrétienne, après avoir atteint l'illumination. Dans le parc des daims, il commença à enseigner à ses cinq disciples la première « roue du *dharma* », principale source du bouddhisme qui comprend les quatre nobles vérités. C'est de Sarnath, où Buddha venait passer quelques mois chaque année pendant la saison des pluies, que s'épanouit la tradition bouddhiste, tout d'abord en Inde puis, progressivement dans toute l'Asie. Il se pourrait même que l'ancienne secte israélienne des Esséniens eût connu les enseignements de Buddha. Certains cercles pensent que dans sa jeunesse, Jésus-Christ aurait été en contact avec eux.

Le site est aujourd'hui principalement composé de ruines de monastères et de tertres ou *stupas*. L'un des monuments les plus importants est le Dhamek Stupa, construit sous le règne de l'empereur Ashoka en 249 après J.-C. Celui-ci représente le lieu même où Buddha donna son premier sermon.

L'empereur Ashoka, de la dynastie Maurya, après la conquête sanglante de Kalinga en Orissa, s'était converti au bouddhisme et avait résolu de gouverner selon les principes d'*ahiṁsā* prêchés par Buddha. À Sarnath, Ashoka avait également fait construire une colonne commémorative haute d'une vingtaine de mètres, couronnée d'un chapiteau, avec quatre lions. Ce chapiteau est devenu l'emblème national de l'Inde. Sous l'abaque de la colonne est gravée en sanskrit la sage devise extraite de la *Muṇḍaka Upaniṣad*: «*Satyam eva jayate*», «La vérité seule triomphe.»

Cette visite à l'endroit même où Buddha avait enseigné était pour moi l'occasion de mieux comprendre son message et son importance dans l'histoire spirituelle de l'Inde, de l'Asie, et plus récemment de l'Occident. Certaines âmes semblent venir sur terre pour guider l'évolution spirituelle d'une période de l'histoire au moment où cela est nécessaire : le message de Jésus fut répandu de Jérusalem vers l'ouest, tandis que celui de Buddha fut répandu de l'Inde vers l'est.

La philosophie de Buddha aurait été une réaction contre l'aspect rituel de la religion védique. Par ailleurs, Buddha est souvent considéré par certains esprits athées comme athéiste. Cependant, il n'a ni affirmé ni dénié l'existence de Dieu, en raison de l'ineffabilité et de la complexité de ce sujet, conduisant à des subtilités qui ne donnent pas de réponse aux masses souffrantes de l'humanité. Lorsqu'une maison est en feu, l'on ne discute pas de physique ou de chimie, mais l'on tente de l'éteindre. C'est ainsi que pour Buddha, l'immédiateté de la souffrance prévaut sur de vaines spéculations sur Dieu. Le silence de Buddha au sujet de l'existence de Dieu ne peut être interprété comme une absence de croyance en l'existence divine.

Par ailleurs, l'idéal à atteindre, selon Buddha, est le vide mental, l'extinction du mental, le *nirvana*. Cet idéal représente l'aspect absolu de l'être, la paix infinie. Or, selon Swamiji, la réalisation du Transcendantal divin inclut et va au-delà des deux aspects du divin, l'être et le devenir: «Le déploiement de la conscience ne s'arrête pas net avec l'expérience de l'être. Au-delà de la conscience de la sagesse s'étend la conscience du divin. Et cependant, ceux qui considèrent l'être comme l'ultime réalité s'efforcent de perpétuer cette expérience de l'être. Nous pouvons dépasser ce *vide* en atteignant une conscience qui contient tout, qui à la fois et d'un seul mouvement inclut le devenir et l'être.»

Ce «vide» n'est qu'un «foyer de transition» sur le chemin de la réalisation, et non pas le voyage dans sa totalité. Le voyage vers l'infini doit être infini. Il ne saurait être question ici de finalités. En raison de l'accent posé sur les finalités des diverses réalisations, les philosophies religieuses, dans le monde entier, sont emplies de demi-vérités et de fanatisme. L'on doit toujours être prudent avant de déclarer toute réalisation comme finale parce qu'Il est infini. «L'infini échappe toujours à la mesure», écrit justement Swamiji.

*

Babaji est né à Sapnawat, un village situé à environ cinquante kilomètres de Delhi. Cette région, qui couvre plusieurs milliers d'hectares, avait été conquise et établie par l'ancêtre de Babaji, Rana Sīda, il y a environ mille ans. Rana Sīda était le fils du célèbre maharana de Chittor, connu sous le nom de roi Khuman II. Du côté paternel, Babaji descend de la dynastie solaire dans laquelle la grande incarnation, le roi Rāma, naquit. Cette même famille émergea plus tard et régna au Rajasthan, dans le royaume de Mewar. Près de Sapnawat, il y a plusieurs autres villages de la ligne des Shishodia, les descendants de cette dynastie.

Babaji passa les six premières années de sa vie entre Sapnawat et la ville de Meerut, où son père exerçait la profession d'avocat et, comme combattant de la liberté, avait lutté contre la domination anglaise en Inde. Après de longues années d'absence, sa visite et son retour à Sapnawat étaient symboliques. C'est comme si, après un long exil de plus de quarante ans, il revenait parmi les siens, qui n'avaient jamais cessé de l'attendre. Les années qui se sont écoulées entre-temps n'avaient fait qu'affermir les liens qui les unissaient. J'étais remplie de joie à l'idée de rencontrer enfin la famille de Babaji et de mieux comprendre ses racines.

Afin de nous souhaiter la bienvenue, une grande foule, composée de la famille et des villageois, était assemblée à notre arrivée. Des visages que je ne connaissais pas, mais qui me souriaient et étaient pleins d'amour. Une belle jeune fille, d'environ quatorze ans, la nièce de Babaji, se tenait sur le pas de la porte au-dessus de laquelle était peint un *swastika*, symbole traditionnel de bon augure. Elle ne laissa pas Babaji franchir le seuil avant d'accomplir la cérémonie de l'*arati* et de poser un *tilaka* sur son front : son entrée dans leur demeure devait être célébrée avec les rites appropriés, avec joie, et en même temps avec solennité. L'atmosphère autour de nous et ce geste symbolique qui remontait à une très ancienne tradition me transportèrent immédiatement au cœur de cette culture où tout est sacré.

Nous pénétrâmes dans la cour intérieure, suivis de tous ceux qui nous avaient accueillis. Ils honoraient Babaji comme on honorerait un roi. Sa famille m'adopta comme sa fille spirituelle et l'on me reçut comme une princesse. Les enfants m'embrassaient ; les femmes plus âgées me serraient dans leurs bras comme leur propre fille et me regardaient longuement avec des larmes dans les yeux. J'avais l'impression d'être au sein de ma famille, la famille de mon cœur et de mon âme. L'hospitalité princière et généreuse de tous était conforme à leur culture où l'invité est traité comme un dieu.

Dès l'aube, afin de remplir les bassins pour notre toilette, les jeunes garçons pompaient l'eau du puits, encore tiède de son contact avec la terre. Il n'y avait pas d'eau courante et l'électricité était sporadique. J'étais fascinée de voir que la vie à Sapnawat contenait encore les vestiges d'un mode de vie ancestral et semblait avoir conservé les valeurs et les traditions du temps de Rāma.

La famille est une fondation solide dans la société indienne. Elle est un corps dans lequel chacun trouve son identité, et elle inclut généralement plusieurs membres de la même famille, organisés en « famille jointe ». L'architecture de l'endroit où nous nous trouvions, pareille à de nombreuses structures dans le village, est conçue afin de faciliter la cohabitation de tous ses membres : l'on peut se rendre d'une maison à une autre grâce à un escalier qui les connecte, comme dans un palais. La vie s'organise autour de la cour intérieure, le centre de toutes les activités. C'est un espace qui donne toujours une sensation d'ouverture et qui reflète un mode de vie et de culture si différent du nôtre. Le concept de maison individuelle n'existe pas et la vie de famille est une expérience communautaire.

Dès le lendemain, nous allâmes d'une demeure à l'autre afin de parler aux villageois qui avaient tous connu Babaji lorsqu'il était enfant. Les personnes les plus âgées l'embrassaient avec grande affection. Partout nous étions accueillis avec tant de chaleur, tant d'amour et tant de simplicité. Les enfants nous suivirent et, à la fin de notre tournée, la foule derrière nous avait grandi, formant spontanément une joyeuse procession.

À la fin de notre marche, nous rendîmes hommage à Maharana Pratap, l'ancêtre de Babaji, roi Shishodia de Chittor qui régna de 1572 à 1597. Une imposante statue de ce héros, sur son cheval légendaire, Chetak, se trouve à l'entrée du village, comme dans de nombreux villages alentour. Maharana Pratap fut le seul prince de l'Inde médiévale qui refusa de se soumettre à l'Empire moghol et maintint sa liberté. Il représente la bravoure et la noblesse des *kṣatriya*; tout comme Rāma, il symbolise la justice contre l'oppression. Tous ceux qui m'entouraient me montrèrent la statue avec fierté: en Inde, les héros, tout comme les dieux, ne sont jamais oubliés. Ils vivent dans le quotidien et demeurent une source vivante d'inspiration.

À Sapnawat, j'oubliai vite la civilisation moderne. Le matin, le bœuf était attelé à la charrue sur laquelle nous prenions place et nous quittions alors le village pour les champs. Chaque pays a une lumière qui lui est propre, comme celle du sud de la France, et la lumière en Inde, dans les campagnes, est d'une douceur infinie. Je me réjouissais de tout ce que je voyais autour de moi, comme si je me trouvais dans un paradis terrestre, en un lieu où la nature éclate dans toute sa splendeur, où l'homme et les éléments vivent à l'unisson, et où la terre est sacrée car elle est source de vie.

Nous passâmes les champs de canne à sucre et de moutarde, au milieu desquels se trouvaient encore des maisons d'argile avec un toit de chaume. Les paysans récoltaient le blé à la faux, puis le liaient en gerbes. Celles-ci seraient plus tard battues par les femmes du village afin de recueillir les grains et les trier dans des plateaux en rotin. Puis le blé serait moulu à la main dans le *chakki*, une pierre ronde que l'on tourne avec une poignée. De cette farine, des *chapatis*, ce pain traditionnel de l'Inde sans levain, seront cuits dans un four d'argile, que l'on dénomme le *chula*, puis servis frais à chaque repas.

Tous les habitants de Sapnawat travaillent les uns pour les autres, se soutiennent mutuellement et sont autonomes. Chaque personne semble y avoir sa place. Je me rendais compte que l'idéal vécu là-bas était celui que Babaji nous avait enseigné depuis des années et qu'il avait tenté de créer à Cuchama.

En parcourant le village, j'avais observé que les personnes âgées ou malades vivaient au sein de la famille et que les plus jeunes prenaient soin d'elles avec respect et amour. La communauté prenait naturellement en charge ceux qui avaient besoin d'aide. Le village entier était comme une famille élargie, une réalité bien différente de celle que l'on trouve en Occident, où l'individu est le centre de l'univers.

De nombreux amis d'enfance vinrent rendre visite à Babaji : ils passaient de longues heures auprès de lui, tantôt engagés dans une conversation, tantôt le fixant du regard. Dans la culture indienne, il n'est pas toujours nécessaire d'entretenir des conversations superficielles lors d'échanges sociaux. Souvent, l'on se réjouit tout simplement d'un *darśana* en silence avec un sourire de gratitude sur les lèvres. Presque un demi-siècle avait passé, mais leur sentiment d'amitié à son égard était encore plus intense. Ils parlaient de leur enfance, de leur vie, de Dieu, comme s'ils ne s'étaient jamais quittés. Je restais assise à contempler ces hommes qui, en dépit de leur âge, étaient d'une grande beauté et d'une forte complexion. Leur teint doré contrastait avec leur blanc *dhoti-kurta*, le vêtement dont ils étaient vêtus. Certains d'entre eux avaient les yeux bleus ou verts. Ces hommes avaient été forgés par le soleil et le travail de la terre, et leur apparence était noble et vaillante. J'avais en face de moi de vrais *kṣatriyas*, des guerriers.

Un matin, les enfants se groupèrent autour de Babaji qui se mit à leur tenir ce langage : « De nombreux mots, comme "mère", "père", "sœur", sont dans plusieurs langues dérivés du sanskrit. C'est pourquoi nous appartenons tous à une même famille ancienne, la famille indo-européenne qui s'est étendue jusqu'au continent américain. » Les enfants étaient captivés par ses paroles et en quelques instants, il avait éveillé leur intérêt et élargi leur perception du monde.

Nous avions également été invités au mariage d'une nièce. En Inde, le mariage, considéré comme sacré, est toujours célébré de manière royale. Plusieurs jours avant la cérémonie, les femmes du village, de tous âges, se réunissent le soir afin de chanter des airs traditionnels à l'unisson en s'accompagnant du *ḍholak*, un tambour oblong. Dans l'obscurité, nous étions assises à même le sol et, en écoutant ces sons presque archaïques, je me sentais plongée au cœur de l'Inde.

La veille du mariage, les jeunes filles vinrent me chercher et me conduisirent dans une chambre où elles étaient assises en cercle. Plusieurs d'entre elles appliquaient du henné ou *mehndi* sur les bras et les pieds de la future mariée. Puis elles décorèrent mes mains et me parèrent de bijoux. C'est ainsi que commençaient les célébrations du lendemain qui allaient durer toute la journée et toute la nuit. J'étais comme enivrée par les couleurs, les sons, les danses et les rires.

Le jour du mariage, le visage couvert d'un voile de fleurs, assis sur un cheval blanc, le marié arriva suivi d'une longue procession, au son distinct du *shehnai*, l'instrument à vent utilisé pendant la cérémonie du mariage. Puis les fiancés levèrent leur voile, se découvrant pour la première fois. Ils échangèrent des guirlandes de fleurs fraîches, symbole du lien qui les unissait désormais pour la vie. Ils étaient tous deux d'une beauté divine et l'expression de leur visage était profonde et sérieuse. J'avais l'impression de voir Rāma et Sītā en face de moi. Enfin, ils s'assirent autour du feu sacré, tandis que le *pandit* récitait des vers religieux et, nouant leurs habits par un nœud, ils accomplirent le *sat phere*, le rituel durant lequel les deux époux tournent sept fois autour d'un feu sacré. Durant cette cérémonie, l'humain et le divin semblaient unis. Cette expérience me fit comprendre encore plus profondément les valeurs de la culture indienne.

C'est avec tristesse que je quittai Sapnawat, un endroit où j'avais ressenti tant d'amour. Moni, une petite fille du village, qui venait de perdre sa mère, fondit en larmes au moment de notre départ. Son cœur d'enfant m'avait adoptée et elle voulait repartir avec moi en France. Je me souviens encore du parfum des fleurs de rose et de jasmin dont elle ornait mes cheveux dès qu'elle me voyait le matin. J'emportai avec moi ce visage d'enfant plein d'amour et d'innocence.

*

Nous quittâmes l'Inde des racines ancestrales de Babaji. Après les grandes villes et les villages, j'allais désormais pénétrer dans les régions divines et majestueuses de l'Himalaya, la dernière étape de ce voyage.

Nous nous dirigeâmes vers la partie occidentale de l'État d'Uttaranchal et nous nous arrêtâmes à Haridwar, l'une des sept villes saintes de l'Inde. Haridwar signifie « porte de Hari », Hari étant l'un des noms de Dieu. Elle est également appelée « porte des dieux », car elle est située aux pieds de l'Himalaya, là où le Gange, surgissant de la montagne, commence à couler dans les plaines. Haridwar est aussi le point d'entrée de quatre lieux importants de pèlerinage : Badrinath, Kedarnath, Gangotri et Yamunotri.

À Haridwar, chaque soir, au moment du coucher du soleil, et depuis des temps anciens, est célébré le *Ganga arati* sur le *ghat* de Hari ki Pauri. Juste avant la cérémonie, nous fîmes la méditation sur la rive du Gange, bercés par son flot. Lorsque j'ouvris les yeux, l'*arati* s'achevait ; des myriades de lampes placées sur de petits plateaux en feuille, décorés de fleurs et offerts par des milliers de dévots, flottaient en aval le long du Gange. On les suivait du regard pour les voir vaciller puis lentement disparaître dans la brume de l'horizon. La présence silencieuse de la rivière, les flammes brûlant dans la nuit et la foule des dévots créaient une atmosphère unique : c'était un véritable festival de lumière.

Haridwar, centre populaire de pèlerinage, est une ville pleine de couleurs et de sons. Sur la rive du Gange, des hommes en *dhoti* se font masser ; l'on y vend sur des étoffes colorées toutes sortes d'objets religieux : statuettes, *mālās* de fleurs fraîches, chapelets de bois de *tulsi* ; les *sādhus* couverts de cendres, méditent sous un arbre sacré ; les enfants se font tondre la tête selon un rituel ancien. C'est un spectacle incessant. Dans les ruelles anciennes de la ville se trouve le bazar, bordé d'échoppes où l'on vend les choses les plus diverses : tissus de soie, saris, encensoirs, parfums, fruits secs et les plus délicieuses friandises faites à base de lait. Ce marché est grevé de monde et il est souvent difficile de se frayer un passage.

Après avoir passé la matinée dans cette atmosphère enivrante, nous prîmes un *rickshaw*. Nous franchîmes un pont et longeâmes les rives du Gange, couvertes de grands arbres en fleur ou au feuillage abondant, d'un vert luxuriant. Soudain, le calme envahit les lieux. Nous passâmes Sannyasa Road, ainsi nommé car s'y trouvent de nombreux *ashrams*. Puis, au bout d'une ruelle, nous arrivâmes à Sadhana Dhama, située sur la rive du Gange, dans le village de Kankhal.

Swamiji ne désirait pas établir de dogme ni de *credo*. Il n'a jamais prêché quelque chose, simplement parce que cela se trouvait dans les écritures ou dans la tradition. Il partagea seulement sa méthode de *sādhanā* qui était conforme à sa propre réalisation. Il ne lui donna pas le nom de mouvement, mais plutôt, selon ses propres mots, celui d'école qui préconise sa propre perspective sur la vie et une forme spécifique de *sādhanā* en accord avec celle-ci. Il avait conseillé d'éviter de transformer la *sādhanā* en mouvement missionnaire. Il regardait avec circonspection la vie institutionnalisée et n'accordait pas de valeur à une vie permanente dans un *ashram*. C'est pourquoi il ne fonda pas d'institution où les gens auraient pu suivre ce mode de vie. Il avait dit : « Oui, vous pouvez former un *ashram*. Mais pourquoi ne pas faire de votre propre foyer un *ashram* de première classe ? Alors, vous pourrez aider les autres à modeler leur foyer sur le vôtre. »

Swamiji rendit son dernier souffle à la mission Ramakrishna, près de Kankhal, le 15 avril 1952, assis en méditation à cinq heures du matin. Les *sādhakas* se sentirent alors dispersés et éprouvèrent le besoin d'un lieu où ils pourraient se réunir de temps en temps. Il en résulta la fondation de Sadhana Dhama, en 1961. Peu à peu, certains membres et un petit personnel devinrent résidents permanents afin de s'occuper convenablement de l'institution. C'est également là que se tiennent les « camps » de *sādhanā*, durant lesquels de nombreuses personnes se réunissent pendant cinq ou six jours, lors de fêtes religieuses et sacrées. Elles suivent une routine intense qui inclut les méditations quotidiennes deux fois par jour, ainsi qu'une méditation pendant toute la nuit, chaque nuit. Elles participent aussi, chaque matin et chaque après-midi, à une *satsanga* où les plus anciens dissertent sur des sujets spirituels. Du vivant de Swamiji, ces camps avaient lieu plusieurs fois par an dans des endroits paisibles et d'une grande beauté, comme dans des forêts ou l'Himalaya : les *sādhakas* spécialement invités par Swamiji s'y rendaient.

Sadhana Dhama est un vaste édifice rectangulaire, simple, élégant, qui peut accueillir facilement des centaines de personnes. Il y a l'électricité, l'eau courante et même l'eau chaude, commodités qui, en Inde, sont encore considérées comme de luxe. Au rez-de-chaussée, tout comme à l'étage supérieur, une véranda entoure l'habitation. Au centre se trouve une cour intérieure constituée principalement d'un jardin et d'une fontaine. Ce jardin, bien entretenu, comporte toutes sortes d'arbres tropicaux, de buissons parfumés, comme le *mogra*, une plante très aromatique de la famille du jasmin, dont l'odeur suave embaume les nuits douces, des lys rouges, et aussi des hibiscus aux couleurs de pêche ou pourpres, au long pistil doré.

Dès notre arrivée, nous fûmes conduits dans notre chambre au premier étage, à l'angle du bâtiment. C'est là que nous demeurâmes pour quelques jours. De ma fenêtre, je pouvais voir le Gange. Dès l'aube et avant de m'endormir, je pouvais entendre le murmure de ce flot éternel et familier et, sans que je pusse m'expliquer vraiment pourquoi, ce son me relaxait profondément et me remplissait de joie. Avant la méditation, je me plongeais dans ses eaux revigorantes. Les seuls autres sons qui pénétraient étaient celui du *bulbul*, ce charmant mot poétique qui désigne le rossignol en hindi, et des gongs provenant des *ashrams* alentour, qui résonnaient en chœur plusieurs fois par jour afin d'annoncer l'heure de la prière.

Le temple consacré à Swamiji est une large salle où un grand nombre de personnes peuvent méditer ensemble, assises en tailleur, selon la tradition indienne. L'autel est décoré de fleurs fraîchement cueillies chaque matin et disposées dans des vases ou enfilées en guirlandes. Dans le fond de la salle, derrière une vitrine, sont conservés intacts les objets personnels qui appartenaient à Swamiji de son vivant, tels sa robe ocre en coton filé à la main, ses sandales, quelques-uns de ses livres de chevet et même une petite boîte contenant des remèdes homéopathiques et biochimiques. On peut voir également de nombreuses photos de Swamiji, presque toujours souriant, seul ou entouré de disciples ou d'enfants. Sur l'une d'elle, il a l'expression de celui qui a subi la transsubstantiation[1]. Cette photo me rappelait les propres mots de Swamiji décrivant la métamorphose de l'humain dans le divin, « apparemment matière physique, mais en fait lumière divine compacte ».

Matin et soir, nous méditions tous ensemble dans cette pièce. Chaque fois, Satya, une femme d'environ soixante-dix ans, toujours vêtue d'un sari de coton, me réservait un coussin pour m'asseoir près d'elle. Nous n'échangeâmes que quelques rares paroles ; elle communiquait avec moi avec son cœur et m'aimait comme une mère.

Shri Gopal Shuklaji, le *pujārī*, s'occupait du temple. Il appartient à la caste des brahmanes. De petite taille, mais robuste, toujours d'humeur joviale, il se lève très tôt le matin afin de préparer et de décorer l'autel.

Ce qui rendit cette visite mémorable et précieuse, c'est que je pus rencontrer des personnes qui avaient été touchées par Swamiji et avaient été proches de lui. Le premier soir, Shri Babu Rama Verma, « Baburamji », arriva dans notre chambre, une assiette de raisins secs dans les mains, pour le cas où nous aurions eu encore faim ! Fluet, de taille moyenne, incroyablement agile, les yeux intenses et pétillants, cet homme, il était difficile de le croire, était âgé de quatre-vingt-quatorze ans !

---

1. Du latin *transsubtantiationem* ; littéralement « transformation d'une substance en une autre ». Le terme est utilisé ici dans son acception originelle et préchrétienne.

Chaque jour, il se lève à quatre heures du matin afin de se baigner et de se préparer pour la méditation.

Il s'assit humblement sur le lit et, immédiatement, commença à parler de son expérience avec Swamiji. Il s'exprimait dans un très bon anglais ; il avait été professeur d'anglais dans un collège chrétien. Il avait rencontré Swamiji pour la première fois à Lucknow, en 1943. Il le trouva « séduisant » et était attiré par lui. Swamiji lui demanda alors :

– Désires-tu *śikṣā* ou *dīkṣā* ?

– Je ne connais pas vraiment la différence, rétorqua Baburamji, c'est à vous de décider ce qui sera le mieux.

– Alors, viens me voir demain matin !

Et le lendemain matin, Swamiji initia Baburamji au Nom divin. Baburamji continua à voir Swamiji chaque année. Un jour, il lui demanda s'il pouvait ne pas se marier. Swamiji resta silencieux et Baburamji interpréta cela comme un acquiescement tacite : il ne se maria jamais et consacra toute sa vie à la *sādhanā*.

Mais surtout, c'est son voyage avec Swamiji dans le sud de l'Inde qui semble l'avoir le plus marqué. Il narre ses expériences avec beaucoup de vivacité et semble n'avoir oublié aucun détail. Swamiji avait choisi Baburamji comme son compagnon de voyage. Ils visitèrent Shri Ramana Maharshi à Arunachalam et Swamiji le décrivit comme un être rare, « un être de feu, de la tête aux pieds ». De Madras, ils se rendirent à Pondichéry et eurent le *darśana* d'Aurobindo et de la Mère.

Baburamji me raconta que Swamiji avait promis à un avocat et sa femme de rester dans leur maison pour quelques jours, la seule condition étant qu'on lui laisserait faire la méditation seul, dans une chambre séparée. Swamiji commença sa prière et juste après avoir invoqué la déité, l'énergie était si forte que les murs commencèrent à trembler, ébranlant même la véranda, où Baburamji et l'avocat méditaient.

Une autre fois, Baburamji et Swamiji arrivèrent à Madras tard dans la nuit. « Tous les *ashrams* étaient fermés, raconte Baburamji. Nous allâmes près du temple de Śiva et vers trois heures du matin, nous nous couchâmes. Dans mon rêve, je vis plusieurs déités qui nous accueillirent, puis disparurent. » À quatre heures du matin, l'heure à laquelle Swamiji avait coutume de se lever, Baburamji raconta à celui-ci son rêve extraordinaire. Ce dernier se mit à rire et lui expliqua qu'il ne s'agissait pas d'un rêve : les déités du lieu s'étaient manifestées afin de leur faire un accueil bienveillant.

Baburamji remarqua que Swamiji ne voulait pas être appelé *guru* ; il voulait être considéré comme un ami et portait toujours beaucoup d'affection à tout le monde. Il avait coutume de dire : « Je veux être libre moi-même et je donne cette liberté aux autres. » Pour moi, il était passionnant d'écouter ces histoires qui montraient combien Swamiji avait été si humain, tout en étant si divin !

Je rencontrai également plusieurs personnes qui avaient connu Swamiji depuis leur enfance. Shri Krishna Chandra Mittal rencontra Swamiji lorsqu'il était un jeune enfant. Son père, Sahu Kashinath Mittal, avait été l'un des premiers disciples de Swamiji et avait organisé pour lui un bureau à Bisalpur, où il pouvait prendre soin de sa correspondance, de ses voyages et des informations générales concernant ses diverses activités. Swamiji avait aidé Krishna à étudier la physique parce que, lui avait-il dit, « sans la physique, tu ne peux pas comprendre l'univers ; sans *brahmāṇḍa*, l'œuf cosmique de la création, tu ne peux comprendre *Brahmā* ».

Je passai également beaucoup de temps avec Shrimati Vinod Sharma et son mari Shri Des Raj Sharma. Vinodji, tout en m'enseignant l'art de se draper d'un sari, partagea avec moi ses souvenirs d'enfance. Son père, Rishiji, était un grand dévot de Swamiji à Meerut. Vinodji et Babaji avaient l'habitude de jouer ensemble et d'aider durant les *bhaṇḍārā*, c'est-à-dire les fêtes religieuses durant lesquelles sont nourris les pauvres et les brahmanes. Vinodji se rappelle que Swamiji était d'une grande beauté, que ses mains et ses pieds étaient d'un rose délicat ; il aimait jouer avec les enfants et parfois leur donnait des oranges. Le visage de Vinodji s'animait de plus en plus alors qu'elle évoquait ses souvenirs et elle avait même l'expression d'un enfant.

Sa chambre, à Sadhana Dhama, devint un point de rencontres, et c'est là que je liai connaissance avec certains membres de la famille de Swamiji comme Shri Vijay Bhandari et Shri Om Prakash Sekhri. La douceur et l'humilité sont les traits caractéristiques de cette famille.

Le 15 avril, pour commémorer le jour où Swamiji rendit son dernier souffle, nous fîmes une méditation de nuit ininterrompue ou *akhaṇḍa jāpa*, et au matin, nous allâmes sur la rive du Gange et offrîmes des prières et des fleurs en sa mémoire.

Le jour même, nous quittâmes Sadhana Dhama. Au moment du départ, je compris combien j'avais été absorbée par l'atmosphère du lieu. Tout le monde se réunit pour nous dire au revoir. Satya ne cessait de m'observer et de me bénir du regard, puis elle me caressa la tête de sa main et me dit en hindi : « Reviens bientôt ! » Sadhana Dhama était devenu pour moi une nouvelle famille.

Plus tard à Delhi, j'allai rendre visite à la plus jeune sœur de Swamiji, Shrimati Rukmani Devi, et rencontrai sa famille qui inclut son fils, Jawaharlal, et sa belle-fille, Gitaji, qui prend soin d'elle. À cause de sa santé, elle n'avait pas pu faire le voyage pour Sadhana Dhama comme elle l'aurait désiré.

Babaji faisait la méditation avec elle afin de l'aider dans sa maladie. Elle ne cessait de répéter en parlant de Swamiji dont la photo était suspendue au-dessus de son lit : « Mon frère est trop loin, je suis trop faible pour le rejoindre ; il doit venir. » Puis un jour, alors qu'elle méditait avec Babaji, elle eut une vision de Swamiji. Après cela, elle indiqua : « Mon frère est venu de très loin ; maintenant, je peux partir. » Alors qu'elle pressait mes mains dans ses mains avec encore beaucoup de vigueur, je pouvais voir Swamiji dans ses yeux bleus et profonds qui semblaient percer mon âme.

*

Nous reprîmes la route vers l'Himalaya. Plus nous gagnions de l'altitude, plus le paysage devenait spectaculaire. Nous étions entourés par la montagne, et une rivière coulait au centre de la vallée profonde que nous longions. Sur le bord de la route, un spectacle s'offrait constamment à mes regards : des arbres de toutes sortes, des cactus en fleur, des jardins terrassés, de simples temples ou encore des villageois au visage forgé par la montagne.

Près de Mussoorie, nous visitâmes les cascades majestueuses de Kempty Falls, sous lesquelles Swamiji avait coutume de se tenir debout comme sous une douche. Les reflets du soleil sur les eaux tombant en fracas me faisaient admirer la création.

De là, nous parvînmes à un endroit d'où l'on pouvait observer de loin les sommets enneigés de l'Himalaya. C'était un jour clair et ensoleillé et, pour la première fois, j'eus comme une vision féerique de cette montagne sacrée. On eut cru que tout dansait et vibrait au son d'une musique divine. « C'est là que les dieux jouent et que Śiva et Pārvatī dansent, expliqua alors Babaji. Cette vision de la montagne est le véritable *darśana* du Seigneur ; c'est une habitude humaine de penser que le Seigneur doit apparaître sous une forme extraordinaire, avec bruit et fureur. Sous vos yeux se manifeste le divin dans toute sa magnificence, sous sa forme de montagne, l'Himalaya. »

La montagne a toujours exercé sur moi une grande attraction, mais se trouver en présence de l'Himalaya est une expérience incomparable. Le sacré émane de toute chose, des grands pins, de la lumière diaphane du ciel et du profond silence. Cependant, dans ce silence, il me semblait entendre, comme l'exprime Valéry, « ce qu'on entend lorsque rien ne se fait entendre ». Babaji décrivit ainsi ce mystérieux son de l'univers : « Le son *Om* est le bourdonnement de l'univers. Tout en disant *Om*, l'énergie est ressentie comme un mouvement vertical, tandis que le chant de *Rāma* est un mouvement vertical, qui comprend tout ce qui est, l'univers et même ce qui est au-delà. C'est donc plus qu'un bourdonnement. C'est la vibration dont toute chose est faite et qui imprègne tout. » Puis, afin de nous faire ressentir la différence entre ces deux sons, il entonna à pleine voix : *Om*, puis *Rāma*. Au-delà de ce panorama, au Tibet, se trouve la demeure suprême du Dieu Śiva, le mont Kailash, vénéré par des centaines de millions d'hindous et de bouddhistes comme le cœur spirituel de leur tradition et comme le centre non seulement physique mais métaphysique de l'univers. Or, Kailash et Cuchama sont sur la même latitude, aux deux côtés opposés de la planète. Le «Grand Esprit» vénéré par les Indiens d'Amérique est le même esprit qu'on nomme *Paramātman* dans la tradition hindoue.

Je saisis alors le lien qui unissait les deux lieux essentiels de ma vie, Cuchama et l'Himalaya, et la signification de mon voyage en Inde devint claire: je venais de pénétrer dans une région divine. Plus tard, nous parvînmes à Almora, située dans la région de Kumaon. Evans-Wentz, ayant ressenti que cette région allait devenir un centre de spiritualité, y avait acquis dès 1936 une propriété à quelques kilomètres d'Almora. Celle-ci est désormais, selon les derniers vœux d'Evans-Wentz, un centre tibétain: chaque année, à l'anniversaire de sa mort, il y est honoré comme son fondateur.

Babaji avait visité Almora dans les années soixante et avait rencontré les personnalités renommées de cette période et de cette région, tels Shri Madhava Ashish, disciple de Shri Krishna Prem, Shunyata Baba, Lama Govinda, Neem Karoli Baba, Sindhi Baba ainsi que le Dr. Bindu, tous ardents chercheurs de vérité. Ils avaient consacré leur vie à la spiritualité et avaient joué un rôle important dans l'éveil spirituel en Occident.

Nous visitâmes un temple fort ancien, le Patal Devi Mandir dans la vallée d'Almora. À l'intérieur se trouvait une simple image de la Mère divine sous la forme de Durgā; l'atmosphère était intense. Le temple avait été érigé sur le flanc de la montagne, au milieu d'un vallon verdoyant où des moutons et des vaches étaient gardés par de jeunes bergères drapées de saris colorés. Nous nous assîmes là, comme au cœur de la montagne, dans un silence absolu. C'était une parfaite scène bucolique, qui semblait remonter à des temps presque mythiques. Cette image est restée ancrée dans ma mémoire. L'on pouvait distinguer également au loin un autre temple, le temple de Kasar Devi, que nous visiterions le jour suivant.

Cette région est une région spirituelle très intense, une sorte de «champ spirituel» ou *ādhyatmika kśetra.* C'est là que se brise la ceinture de radiations magnétiques de Van Allen, laissant les rayons cosmiques s'infiltrer librement. C'était un lieu où, comme l'exprime le vers de Baudelaire, «la Nature est un temple», et où l'on avait la sensation d'être absorbé par la force de l'énergie cosmique. À Cuchama également l'on peut ressentir cette énergie, mais celle-ci émane des rochers mêmes.

En outre, la ville d'Almora possède une signification particulière car elle est étroitement connectée à Swamiji. Ce dernier, après avoir adopté le *sannyāsa,* passa à travers une période brève mais intense de *sādhanā* et de purification intérieure au terme de laquelle il avait écrit: «L'agitation intérieure se calma. Les rayons de soleil commencèrent à éclater et le lotus s'épanouit. Le Seigneur fit de moi l'instrument de son service.» Au mois de février de l'année 1941, il s'était alors mis en route vers le district d'Almora. Il s'arrêta à Someshvar, à quelques kilomètres d'Almora. Le maître raconte ce qui se passa alors: «En pénétrant la région montagneuse d'Almora, un événement important survint, qui changea la direction de ma vie de manière radicale. Une conscience élevée sous forme de personne me souhaita la bienvenue dans ces montagnes et m'assura que j'accomplirais mon but. La main protectrice de cette conscience était au-dessus de moi.»

Le temps passa et après quelque temps, il reconnut cette conscience: «Je compris que cette conscience était la conscience du *guru* primordial, Śiva. C'était une réalisation intérieure. Lentement, cette conscience commença à rester en moi et moi en elle.»

D'Almora, nous longeâmes des routes sinueuses à travers des forêts de pins; leurs troncs rectilignes faisaient filtrer la lumière du soleil et leurs aiguilles formaient un brun tapis qui s'étalait à l'infini. Après quelques kilomètres, nous atteignîmes Digoli, le petit village himalayen où Swamiji avait vécu. Je vis un signe bleu avec des lignes écrites en blanc: «Swami Ramananda Marg, Digoli».

Swamiji voyageait constamment, soit pour servir les *sādhakas*, soit pour se rendre en pèlerinage. Un jour, quelqu'un lui avait demandé où il vivait et il avait répondu en riant: «Dans le train». Cependant, le seul endroit qu'il considérait comme sa vraie demeure était le village de Digoli. Il se plaisait à l'appeler «la maison de ma mère».

Nous arrivâmes à Digoli un jour d'orage. Le tonnerre ébranlait la montagne et le ciel fondait en eau. Avec difficulté, nous suivîmes le sentier tortueux et escarpé et parvînmes au sommet peu de temps avant le coucher du soleil. En entrant dans le cottage, récemment rénové, je ressentis immédiatement la présence de Swamiji qui imprégnait encore fortement ce lieu. C'était l'heure de la méditation: le tonnerre ne cessait de gronder et j'avais cette curieuse impression que les murs autour de nous avaient disparu et que nous nous trouvions au sommet d'une montagne, touchant presque le ciel. Les jours suivants, je sentis à plusieurs reprises une grande énergie pendant les méditations et mon être semblait être plus éveillé et centré, comme s'il s'abreuvait à la source. Je comprenais que Swamiji avait accompli dans cet endroit un immense travail spirituel car son énergie était encore présente.

À l'aurore, je contemplai la montagne pour la première fois: comme pour célébrer notre venue, un arc-en-ciel avait formé un tableau céleste.

C'est la providence qui avait conduit Swamiji à Digoli. Trois jeunes hommes du village avaient entendu parler du jeune *sādhu*, qui restait dans l'*ashram* de Swami Krishnananda à Chitai. Quelqu'un leur avait dit qu'il pouvait être lié à l'Ārya-Samāj et ils pensaient l'engager dans une dispute théologique. Cependant, dès qu'ils le virent, ils furent complètement saisis par sa présence divine et l'invitèrent immédiatement à venir dans leur village. Les trois jeunes hommes le conduisirent au cottage réservé aux pèlerins, situé au centre du village, près du temple de Durgā. Sur le sol, ils répandirent des aiguilles de pin au-dessus desquelles ils posèrent une couverture afin de lui faire un lit.

C'est là que, désormais, Swamiji se consacra à la *sādhanā*. Un autel a été construit à cet endroit même. Parfois, Swamiji méditait tout près du cottage, dans le temple de Durgā, qui a été préservé dans toute sa simplicité. D'autres fois, il méditait à proximité du temple, sous le ciel, pendant des heures, même sous la pluie. Lorsque les villageois lui offraient un abri, il répondait en souriant : « Être assis ici me remplit de tant d'*ānanda* ! » Il aimait demeurer ainsi en plein air, en communion avec la nature, afin de recevoir l'énergie directement.

En face, sur une élévation, se trouve un petit temple dédié au fondateur médiéval de la secte Nath, Guru Gorakhnath. Depuis les temps anciens, les *sannyāsīs* errants y faisaient halte avant de poursuivre leur route dans l'Himalaya. Les villageois du temps de Swamiji y pratiquaient également de nombreux rites attachés à d'anciennes superstitions. Swamiji les avait libérés de ces coutumes qui exerçaient une grande influence sur les plus incultes et avait montré aux villageois comment adresser leurs prières directement au divin.

Le jour suivant, Mohanji, l'un des villageois qui avait connu Swamiji, nous guida vers un abri-sous-roche de l'époque préhistorique, l'abri de Lakhudiyar, situé sur le versant d'un promontoire. Au bord de la partie inférieure de ce rocher, plate et étroite, se trouve un précipice de quelques mètres au-dessus de la rivière. La partie supérieure forme un toit naturel, un peu en forme de cobra. Swamiji passait là de longues heures en *ḍhyāna samādhi* ou absorption méditative. Mohanji nous raconta que Swamiji, pendant plusieurs années, se levait chaque jour à deux heures du matin et méditait pendant plusieurs heures. À la pointe de l'aube, il dévalait la montagne, se baignait dans l'eau claire et limpide de la source qui coule dans son creux, puis traversait le ruisseau et méditait à nouveau dans l'abri de Lakhudiyar jusque tard dans la matinée. Quelquefois, il ne se nourrissait que d'herbes. Mohanji ajouta : « Il ne cessait jamais de sourire. »

D'autres personnes vinrent à notre rencontre et, avec cette spontanéité de cœur des villageois, nous parlèrent de Swamiji. Elles nous racontèrent comment ce dernier avait coutume de soigner et de guérir les malades en leur donnant des remèdes homéopathiques ou quelques herbes. Certains se souvenaient avoir vu un halo de lumière autour de lui. L'un des villageois, avec une simplicité touchante, nous dit : « Il n'était pas un être humain, mais le Seigneur lui-même. »

À Digoli, Babaji paraissait de plus en plus profondément en communion avec Swamiji. Je le trouvai un jour, assis dans sa chambre, un sourire aux lèvres, dans un état extatique, les yeux brûlant d'un feu intérieur et perdus dans une profonde contemplation. J'étais le témoin d'une fusion invisible entre deux âmes. Je restai silencieuse car les mots auraient perturbé l'atmosphère. Après un certain temps, il rompit le silence : « J'ai reçu l'amour absolu de Swamiji. Je suis son enfant. C'est par sa grâce que je suis ce que je suis. »

À plusieurs reprises à Digoli, Babaji nous parla de Swamiji. Il nous l'avait souvent décrit et pourtant, c'est en ce lieu que je pus parfaitement l'imaginer pour la première fois : sa mince silhouette éthérée comme flottant sur terre, son sourire divin, ses yeux emplis d'amour et ses mains et ses pieds d'un teint rosé. Nous ressentîmes la présence de Swamiji dans le *sūkśma*, la sphère subtile. Et cette présence se trouvait en parfaite harmonie avec la beauté de la montagne, la douceur des lignes qui formaient le paysage, la lumière qui enveloppait chaque chose et la simplicité de ce village himalayen.

Babaji nous traduisit également de l'hindi quelques-unes des lettres de Swamiji. Deux extraits m'affectèrent comme s'ils répondaient à des questions latentes. Le premier était comme une « invitation au voyage », le voyage spirituel vers la réalisation du divin en soi : « L'âme est une portion divine. C'est un trésor infini d'énergie, de connaissance et de félicité. Tout d'abord, aie confiance en ta force. En te considérant faible, tu fais obstacle à l'énergie divine. Considère-toi comme l'enfant du Seigneur. Fais-le tien. Nous sommes toujours dans la main bienheureuse de la Mère.» Et Babaji renchérit: «L'âme est l'éternelle portion du Seigneur et elle brille déjà comme un soleil.»

Dans le second, Swamiji parlait de ce qu'il considère comme absolument nécessaire sur le chemin de l'évolution spirituelle, *samarpaṇa*, à savoir l'abandon total de soi-même à la volonté de Dieu: «C'est seulement la lumière plus élevée, invoquée à travers l'abandon, qui peut t'assurer contre les erreurs de manière permanente. Cela ne viendra que lorsque tu seras prêt à tout déposer, même ce qui t'est le plus proche et le plus cher, aux pieds du Seigneur [...]. Abandonne tout, y compris ta propre existence – physique, spirituelle –, et aspire à devenir sien complètement; ainsi, tes pas deviendront fermes. Tant que la volonté personnelle est là, toute tentative afin de la satisfaire conduira à l'erreur.» Puis Babaji commenta ainsi ces lignes: «L'être humain a toujours l'ambition de réaliser le divin. Cette attitude est ridicule! Ce n'est pas vous qui allez réaliser le divin: c'est l'œuvre du divin. Il est vain de se demander combien de temps prendra ce processus ou quand cette œuvre sera finalement accomplie par la Mère, même si cela peut prendre une centaine de vies! Vouloir que les choses soient achevées rapidement est une autre ambition. Vous devez jouir du drame de la Mère et prendre plaisir à son jeu!»

Les mots de Swamiji, lus à Digoli, là où il demeurait souvent, avaient encore plus de puissance et semblaient éclairer ma conscience comme une lumière fulgurante. Parfois, il semble que les mots sont plus que de simples mots: ils portent en eux la magie et le pouvoir de transformer de l'intérieur. À ce moment, mes angoisses et mes questions étaient toutes dissipées et le chemin apparaissait clair devant moi.

Babaji évoqua la complète transformation subie par Swamiji. Celui qui était né sous le nom de Shishupal Bhandari n'existait plus. Le Seigneur divin vivait en lui et il vivait en lui. Babaji tenta d'éclairer ce phénomène, difficile à comprendre tant que l'on n'a pas réalisé soi-même le divin: «Cette puissance divine demeure toujours Une et non deux. L'infini également ne peut être qu'un et il est sans dualité. C'est également la signification de "*la ilaha illallah*", à savoir "il n'y a d'autre Dieu que Dieu", ainsi que la vérité derrière le terme ancien "*ekamevādvitiya*", qui signifie "l'un sans second". L'un descend dans l'individu réalisé quelle que soit sa religion ou sa tradition. C'est pourquoi Swamiji nota dans son journal: "Je suis Rāma; je suis Kṛṣṇa; je suis Buddha et également Jésus-Christ. Et au-delà, je suis un rayon de l'infini."»

Ces idées élevées surpassent les hauteurs himalayennes et ne peuvent être comprises que par ceux qui ont atteint ce niveau d'évolution. Cependant, ces voies impénétrables deviennent claires comme du cristal à la lueur de notre propre épanouissement et illumination intérieure. L'on se demandera alors comment il fut jamais possible de penser autrement. La lumière divine efface toutes les confusions et toutes les conceptions étroites créées par les religions dans lesquelles les hommes ont façonné Dieu à leur propre image au lieu de laisser Dieu les façonner. Lorsque cette conscience viendra, le monde sera un et une spiritualité pacifique et commune surpassera toutes les religions et les rendra désuètes. Dans une de ses lettres, Swamiji avait écrit: «La spiritualité laisse bien loin derrière elle les limites de cette soi-disant religion ainsi que la possibilité de violences sectaires. Les spiritualistes appartiennent tous à une seule religion, la religion de Dieu.»

Babaji a fait de son mieux pour conserver intacte la nature simple et sans prétention de l'œuvre de Swamiji afin d'éviter de la transformer en culte ou même en religion organisée. Et à Digoli, il souligna l'importance de l'enseignement de Swamiji: «Du point de vue de l'évolution spirituelle, Swamiji apparaît comme le précurseur de l'humanité actuelle. Ses observations et réalisations spirituelles contiennent une connaissance révélée qui formera le fondement du futur message de l'humanité.» Et il ajouta: «C'est une lumière pour éclairer votre chemin dans la vie, quel que soit le pays d'où vous venez ou la tradition que vous suivez. Toutes ces différences ne sont que temporaires et appartiennent à des niveaux inférieurs de l'évolution, tandis que la lumière spirituelle qu'il diffuse est divine et par conséquent ne peut exclure personne. Il inclut tous, respectant la place que vous tenez sur l'échelle de l'évolution, et vous invite à réaliser votre héritage divin. »

Digoli demeure pour moi un souvenir inoubliable, un lieu où le monde physique et le monde spirituel se trouvent en parfaite harmonie. Digoli fut l'apogée sublime de mon voyage en Inde.

*

L'Inde avait touché en profondeur mon cœur et mon âme, et c'est des larmes dans les yeux que je la quittai, comme l'on quitte un être qui nous est cher. Voyager en compagnie de Babaji m'avait permis de voir ce pays de l'intérieur, et non pas comme une touriste ou une étrangère.

De retour, je ne cessais de songer à ce pays tout simplement merveilleux et à ce qu'il représente. L'Inde est remarquable par ses hautes valeurs morales et spirituelles. Le divin y semble partout présent, que ce soit dans les yeux des enfants, le sourire des pauvres ou sur les neiges éternelles qui couvrent l'Himalaya. Sur cette terre sacrée, de grands êtres tels Rāma, Kṛṣṇa, Buddha, ou encore Swamiji, se sont manifestés et ont laissé un message au monde.

Cette Inde éternelle est toujours vivante et c'est une civilisation mère, qui fait partie de notre héritage. Nous évoluons progressivement vers une société universelle et nous devons briser les barrières entre l'Est et l'Ouest.

L'Inde d'aujourd'hui, après des siècles d'occupation, se développe rapidement. Elle est la plus grande démocratie du monde avec plus d'un milliard d'habitants. En 2025, sa population dépassera celle de la Chine. C'est une puissance nucléaire et elle possède la troisième plus grande armée du monde. Elle contient la plus importante réserve d'informaticiens dans le monde. Le rapide développement économique de l'Inde a transformé et élargi une classe moyenne, une nouvelle génération de consommateurs, aux habitudes similaires à celles des Occidentaux. Dans quelques années, elle deviendra probablement l'un des plus gros marchés de consommateurs. Dans les grandes villes comme Mumbai ou Delhi, ces changements sont visibles : les jeunes sont vêtus de jeans et de *tee-shirts* ; beaucoup de personnes se promènent avec leur téléphone portable ; les McDonald's sont bondés ; il y a de plus en plus de cafés Internet, de centres commerciaux et même des salles de cinéma multiplex ! Il n'est pas toujours facile de percevoir ces changements dans la vie quotidienne à cause des infrastructures qui sont insuffisantes et d'une population dont quarante pour cent vit encore en dessous du seuil de pauvreté. Cependant, l'Inde est une nation qui émerge rapidement.

Elle n'a cessé de se transformer tout en conservant ses traditions. En observant l'influence grandissante de l'Ouest, je me suis souvent posé la question : quel est le futur de l'Inde ? Comment cette civilisation va-t-elle maintenir ses valeurs ? Swamiji avait déjà évoqué ce problème de transition : « L'Inde passe aujourd'hui à travers une étape transitoire, et l'on ne peut pas encore dire quelles seront les valeurs qui prédomineront. Allons-nous oublier les vieilles leçons d'expérience millénaire et nous engager dans le sillage de l'Ouest, ou bien réaffirmerons-nous notre héritage dans l'esprit national afin de nous adapter de façon appropriée ? Si nous intégrons la connaissance et les biens de l'Occident à notre vision spirituelle, nous avons un futur glorieux ainsi que l'ensemble de l'humanité. »

L'Inde est également pour moi le pays de la beauté dans tout son éclat et dans toute sa splendeur. L'esprit occidental, souvent tourné vers l'extérieur et le confort, se perd parfois en observant les problèmes évidents des grandes villes surpeuplées, et manque de voir la beauté intérieure de l'« Inde de l'imagination ».

Enfin, l'Inde est le pays du *rasa*. La richesse des couleurs, la variété des mets exquis, l'énergie et l'enthousiasme des gens font de l'Inde un lieu plein de force et d'exubérance. Le *rasa* est l'essence des choses. Dans les *Vedas*, il est écrit qu'il n'est rien d'autre que divin : « *Raso vai saḥ* ».

Depuis longtemps, je me pose la question : pourquoi suis-je sur terre ? Quel est le but de mon existence ? Comment puis-je poursuivre ma quête vers le divin ? Comment ne pas me perdre dans le labyrinthe du mental, dans les tentacules de l'ego ? Je commence à comprendre que l'amour pour toutes les créatures est la voie vers Dieu, car il est en toute créature.

Cette aventure est spirituelle. En Occident, l'on a l'habitude de séparer le spirituel du temporel, l'esprit de la matière et le sacré du profane. Ces divisions semblent expliquer la crise actuelle de l'individu dans le monde : il se sent fragmenté, divisé, perdu comme s'il avait oublié sa vraie origine.

Beaucoup de gens ont des idées préconçues sur la signification de la spiritualité. Swamiji la définit ainsi : « Le spiritualisme est comme un cauchemar pour ceux qui ne le comprennent pas. Tel que je le comprends, il ne s'agit pas d'un rejet de la vie. Il ne s'agit pas d'un massacre des sensibilités de chacun. C'est plutôt l'acceptation totale de la vie, avec toutes ses imperfections. C'est une perspective intégrale sur la vie. » Et il ajoute : « Le spiritualisme est un effort pour suivre le fil divin à travers tout pareillement. C'est une tentative pour le reconnaître à l'œuvre partout, des mouvements imperceptibles dans une cellule vivante aux êtres humains, du grain de poussière à une montagne, de l'humble foyer d'un paysan au palace d'un roi. C'est saisir la lueur de sa lumière à la fois dans le matérialiste et le spiritualiste, dans le pécheur et le saint, dans la fourmi et l'éléphant. Il englobe une largeur infinie de visions, une hauteur vertigineuse de compréhension et embrasse tout d'un seul regard. »

*

Depuis le jour où j'ai rencontré Babaji, ma conception de la vie est devenue de plus en plus claire. Je n'ai nul doute que je vais vers la lumière et que celle-ci n'est pas imaginaire. Après m'être engagée sur le chemin, je ressens un soutien à l'intérieur et à l'extérieur et ne me soucie plus de savoir ce que je ferai de cette vie. Je me sens comme portée par le divin.

Babaji m'a aidée à faire entrer le sacré dans chaque sphère de la vie et il m'a fait comprendre qu'en chaque être vit une étincelle du divin. Le monde moderne se trouve confronté au terrorisme et aux dissensions et il ne sait pas comment y faire face. L'étincelle du divin existe également dans le terroriste ; le défi consiste à être capable de la toucher, de la raviver et d'attiser en lui la flamme d'humanité et de divinité. C'est la tâche qui nous incombe pour ce siècle et pour les siècles à venir.

*

Une philosophie parfaite est un idéal irréalisable, mais la philosophie du spiritualisme évolutionniste, telle que nous l'a exposée Swamiji, semble être la plus avancée, compte tenu des alternatives. À côté du spiritualisme évolutionniste, les choix sont les suivants : le matérialisme évolutionniste, le matérialisme révolutionnaire et le spiritualisme révolutionnaire.

Le matérialisme évolutionniste se manifeste aujourd'hui à travers le capitalisme égocentrique des corporations et les démocraties corrompues. Ce système a récemment provoqué la faillite de l'économie à l'échelle mondiale.

Le matérialisme révolutionnaire inclut la révolution communiste et les mouvements fascistes, et a déjà échoué en Russie et en Chine.

Le spiritualisme révolutionnaire croit que l'individu peut être changé subitement soit par une conversion, une idéologie, soit une personnalité magique. Du *Vedanta* à la prétendue « nouvelle naissance » des chrétiens, l'on promet un changement instantané. Mais, lorsque nous regardons la société autour de nous, ces changements sont peu visibles.

Le spiritualisme évolutionniste, au contraire, considère la différence entre la matière et l'esprit non scientifique. Il reconnaît que le changement ne viendra pas instantanément mais à travers l'évolution. Il invite celui qui entreprend une quête spirituelle à hâter son évolution par l'effort de la *sādhanā*. Il ne brade pas le paradis ni la libération, et considère de tels motifs au-dessous de la *sādhanā* idéale, où l'union divine nous libère, ici et maintenant, et transforme ce monde en paradis. Swamiji décrit ainsi cette transformation : « Nous atteignons le paradis, sans même quitter la terre. La conscience supercosmique devient notre conscience essentielle, même durant notre état d'éveil. Nous ne devons pas nous retirer pour sentir le toucher du divin. »

Cela peut paraître un idéal très élevé, mais il est tout à fait réalisable.

*

À la fin de notre voyage dans la région d'Almora en Inde, nous visitâmes le temple de l'épouse de Śiva, connue sous le nom de Kasar Devi. Elle a acquis ce nom à cause de la couleur safran de ses vêtements. Le safran est la couleur représentant la flamme divine et celle que portent les *sannyāsīs*. Il y avait un nouveau chemin à la place de celui qui existait depuis de nombreuses années afin de se rendre au temple et Babaji observa : « Lorsque l'on ne trace pas de chemin, c'est la spiritualité et l'on peut atteindre sa destination de n'importe où. Lorsque celui-ci est tracé, cela devient la religion et limite l'expérience. »

Nous traversâmes une forêt de pins élégants, respirant leur doux parfum. Ils offraient une ombre douce un jour de grande chaleur et entre les troncs, l'on devinait au loin une longue rangée de montagnes. Enfin, au bout de ce sentier sinueux, le temple de Kasar Devi apparut, taillé dans un roc majestueux au sommet de la colline. À l'intérieur de ce temple naturel consacré à la Mère divine, nous nous assîmes en silence et j'avais l'impression de sentir sa présence dans le roc. Babaji, dans un profond recueillement, récita quelques vers en sanskrit et à la fin nous prononçâmes tous ensemble «*Jai Mātā kī*», un chant de victoire à la Mère divine.

Puis nous continuâmes à gravir les marches vers le temple de Śiva, où se trouve un *lingama*. Nous étions enveloppés par les montagnes ainsi que par un profond silence. Nous priâmes à nouveau et il me semblait que Babaji était intérieurement en communion avec le divin. L'énergie qu'il reçut à l'intérieur du temple fut telle qu'il faillit tomber : il saisit la cloche suspendue au plafond et s'adossa au mur.

C'était la même puissance que Swamiji avait éprouvée lorsqu'il était passé à travers la ville de Someshwar, près d'Almora. Śiva était venue à sa rencontre en tant que haute conscience incarnée. Lorsque l'on ressent une présence si forte et tant d'énergie, cela signifie que la déité qui préside dans cet endroit nous accueille.

Babaji décrivit cette expérience, qui laissa sur lui une empreinte permanente, comme la plus extraordinaire et importante descente d'énergie qu'il ait reçue : « Śiva, le dieu des dieux, le *guru* des *gurus*, la déité de la dynastie solaire de Rāma, la déité primordiale, le premier à avoir jamais été vénéré par les humains, lui faisait accueil ! » L'énergie-conscience dont tout l'univers est constitué bourdonnait dans les centres supérieurs de son cerveau. Il avait l'impression d'avoir reçu des milliers d'éclairs, comme une claire lumière. Cependant, c'était plus qu'une lumière : c'était le divin pénétrant son corps ; c'était le processus même de transsubstantiation. Plus tard, Babaji expliqua : « Ce processus culmine dans l'unité avec tous. Les différences entre le sacré et le profane, entre supérieur et inférieur, entre le saint et le pécheur, s'estompent et toutes les dualités se réconcilient en une seule unité. C'est le but de la *sādhanā* évolutionniste. Puisse le Seigneur nous bénir tous de cette grâce, parce que c'est la destinée de tous les êtres humains et leur droit inhérent ! »

*

J'ai peu à peu pris conscience que, toute ma vie, j'ai été attachée à une chose ou une autre, à commencer par mon propre corps et mon propre mental. Je les considère comme réels et cependant, je comprends maintenant que ce que je considère comme mon moi, comme ma personnalité, n'est qu'une fraction de ce que je suis. Alors, quelle est ma réalité ? Ma réalité est que, comme toute âme, je suis d'origine divine et c'est cela que je dois réaliser.

Je dois commencer à effacer les fausses images qui sont dans le cœur, l'adoration de l'ego, la fierté, l'égoïsme, toutes ces choses qui nous éloignent des autres et du divin. Le monde ne s'améliore pas en améliorant et en changeant le monde extérieur. Il n'y a qu'un moyen de changer le monde, c'est de se changer soi-même.

« La solution ultime de nos problèmes sociaux ne réside pas dans le changement des structures sociales », avait écrit Swamiji. Le changement vient du changement intérieur et individuel. Nous avons tous l'habitude de blâmer le reste du monde et la société pour nos problèmes et nous constatons tous aussi la condition alarmante de la situation politique et sociale de la planète. Nous sommes conscients de ses disparités, de ses inégalités, de ses injustices ainsi que de ses limites. Nous accusons le gouvernement, sommes indignés par la corruption et horrifiés par la violence sans cesse croissante. L'environnement de la planète est chaque jour de plus en plus en danger. Le réchauffement de la planète est simplement un symptôme de notre malaise intérieur. Le traitement externe de ce symptôme ne supprimera pas la cause de ce symptôme. À moins que nous mettions un frein à cette course folle pour le pouvoir et le gain, ces problèmes demeureront. Le traitement symptomatique supprimera seulement la maladie, tout comme le traitement allopathique du malade. Les solutions spirituelles sont similaires à l'homéopathie qui essaie de traiter la cause réelle et soigner la personne entière, et non pas seulement ses symptômes.

Nous nous sentons révoltés mais aussi impuissants. Que faire ? Que ce soit le socialisme, le capitalisme, le communisme, aucun « isme » ne parvient à apporter une solution durable et paisible aux maux de notre siècle. Swamiji, avec clarté, explique la raison de cette condition actuelle ainsi que sa solution : « La présente histoire de l'humanité est l'histoire de l'exaltation de sa nature inférieure ; c'est là, en premier lieu, que gît la souffrance et non pas dans le type de nos institutions sociales. La solution à tous nos problèmes consiste à accélérer notre marche évolutive, pour que nous transcendions à jamais notre nature évolutive. »

Ce travail va prendre du temps, il pourra prendre même des siècles, mais qu'importe ! C'est le chemin de l'évolution. Il est possible d'accélérer ce processus d'évolution par le travail intérieur de la *sādhanā*. Ce travail ne peut être accompli que dans notre corps physique. En progressant sur ce chemin, les doutes et le manque de courage s'affaiblissent peu à peu et l'on devient plus fort.

Dans une lettre à l'un de ses disciples Swamiji écrit : « Considère-toi comme l'enfant du Seigneur. Nous sommes toujours dans la main de la Mère divine. Puisse le Seigneur créer l'éveil en toi. Celui qui a reçu la grâce de Dieu n'est plus un esclave de sa condition. Sa volonté devient celle du divin. Ne laisse pas le sentiment de faiblesse entrer en toi. Fais un effort pour ressentir l'énergie. Lorsqu'une personne commence à aller de l'avant, il y a des hauts et des bas. Après quelque temps de *sādhanā*, elle devient plus ferme. Le divin nous a pris par la main, il continuera à le faire jusqu'à la fin. Si tu continues à tomber encore et encore, ne perds pas courage, tu seras victorieux. »

*

Pendant ces nombreuses années, Babaji a été mon ami, mon père et mon guide. Il m'a montré que la seule chose que l'on doit demander est l'amour ; être capable de recevoir l'amour et de le donner. Le réel accomplissement est de sentir le « souffle divin ». La vie doit être une flamme et le cœur une mèche brûlante. Il n'y a pas de but personnel à achever. Il faut vivre pour Dieu, ce qui signifie vivre pour toutes les créatures.

À travers le récit de mon voyage personnel, j'ai tenté d'exprimer ce que Babaji m'a enseigné. Son amour a touché nombre d'âmes, mais qui, mieux que le grand poète Kathleen Raine, pourrait le décrire, comme elle le fait dans *India Seen Afar* : « Je remercie l'invisible Maître de ma vie pour mes amis indiens ; pour l'Inde de l'imagination que j'ai vue de loin, jusqu'au seuil duquel j'ai été conduite. Et si j'ai en quelque sorte pris aujourd'hui un engagement, c'est plus à travers les libérations successives de fausses positions que dans l'adoption d'une croyance ou d'un maître. Si l'Inde est venue à ma rencontre, ce ne fut pas à cause de ma décision, mais le plus naturellement du monde. Non pas à travers un *guru*, mais tout simplement grâce à l'ami de Tambimuttu, prince Kumar. Avec sa simple affection, son amitié, et sa poésie, après tous mes détours intellectuels, il est arrivé de manière imprévue. Et la seule poésie qu'il souhaita m'imposer fut la mienne ; un rappel au devoir. “Le système indien des castes, dit-il, repose sur le simple principe que l'on doit tous suivre son plus grand talent.” Et la seule *initiation* qu'il offre est une affection totale et dévouée (comme celle de Tambi) qui fait de moi, pour ainsi dire, un membre de la famille. »

Chaque vie peut aller dans de nombreuses directions, mais éventuellement elle va dans une direction spécifique. Cela dépend des circonstances et des rencontres. Il m'eût été facile de poursuivre une carrière académique, de devenir une chanteuse professionnelle ou peut-être tout simplement une mère de famille avec ou sans travail. Mais aucune de ces choses ne se réalisa et je me retrouve aujourd'hui en train d'écrire au sujet de ce voyage. Je n'aurais jamais pu imaginer que j'allais devenir une « chercheuse spirituelle » et un écrivain, mais cela s'est fait le plus naturellement du monde.

Ce qui nous arrive finalement dans la vie semble se produire quelque part entre le libre arbitre et le déterminisme. C'est peut-être ce que nous appelons souvent la « volonté divine ».

Tout ce que je puis dire est que, dans la vie spirituelle, chaque jour commence avec de nouvelles possibilités et cette vie de découvertes ne semble pas avoir de limites. Je n'ai pas peur de la vie, de la mort, ni même de la réincarnation. Je ne me soucie plus du futur et ne regrette pas le passé. Je ressens simplement l'effusion de l'Éternel dans le moment que nous appelons le présent.

Mon voyage continue. Étant un voyage vers l'Éternel, il ne peut avoir de fin. Chaque étape du voyage semble être une parfaite destination. L'énigme du voyage et de son arrivée semble avoir été résolue, mais l'histoire continue.

Glossaire

Ce glossaire contient les mots d'origine sanskrite contenus dans le texte, avec les signes diacritiques. Nous avons conservé l'orthographe commune des noms de l'Inde moderne ainsi que de ceux qui sont désormais usités dans la langue française.

Ahiṁsā : non-violence ; formé du préfixe de négation *a* et du substantif *hiṁsā* qui vient de la racine *hiṁs :* « nuire » ; action de ne pas nuire et d'être inoffensif envers toutes les créatures.

Ānanda : joie ; félicité.

Arati : offrande d'une flamme ; cérémonie qui consiste à faire un mouvement circulaire avec des flammes dans les mains autour d'une image divine.

Ārya-Samāj : littéralement « Société des hommes nobles », mouvement fondé à Bombay par Swami Dayanand Saraswati (1824-1883) en 1875. Sa devise était : « Retournez aux *Vedas.* »

Ashram : ermitage ; une communauté où l'on pratique des disciplines spirituelles.

Ātman : le soi, l'âme éternelle.

Avatāra (Avatar) : signifie « descente » en sanskrit. Ce mot s'applique aux différentes manifestations de Viṣṇu sur terre, chaque fois que l'ordre et la justice doivent être rétablis. Selon la tradition, il y aurait déjà eu neuf descentes ou manifestations du dieu créateur Viṣṇu, les plus connues étant celles de Rāma et de Kṛṣṇa.

Babaji : Babaji est un terme utilisé également par les hindous, les musulmans, qui exprime la dévotion et le respect envers une personne spirituelle.

Bhagavadgītā : littéralement en sanskrit « chant du Seigneur » ; un des textes fondamentaux de l'hindouisme ; épisode central du poème épique du *Mahābhārata.*

Bhajan : chant dévotionnel.

Bhakti : dévotion ; le *bhakti yoga* est le yoga de la dévotion à Dieu.

Brahmā : aspect créateur de la trinité.

Brahman : l'absolu.

Brāhmaṇa : membre de la caste des prêtres.

Brahmāṇḍa : œuf cosmique de la création.

Buddha Pūrṇimā : pleine lune de Buddha.

Darśana : philosophie ; rencontre face à face avec une personne sainte ou une déité.

Dharma: mot dérivé de la racine *dhr*: « soutenir ». C'est la loi morale qui soutient l'univers. Bien que *dharma* se réfère généralement au devoir religieusement ordonné, il peut aussi bien désigner la moralité ou la juste conduite.

Dhoti-kurta : vêtement traditionnel ; *dhoti*: tissu noué autour de la taille ; *kurta*: longue chemise.

Dīkśā : initiation.

Diwali : du sanskrit *Dīpāvalī*, « rangée de lumières » ; festival des lumières qui commémore le retour de Rāma à Ayodhya après son exil ; l'un des festivals les plus importants en Inde.

Gopī : littéralement, « bergère » ; dans la religion populaire, les *gopī*s représentent les dévots de Kṛṣṇa

Hanumāna : fils spirituel du dieu du vent et de Śiva ; héros guerrier qui aida le roi Rāma et devint son plus fervent serviteur.

Hatha-yoga : système ancien d'exercices physiques.

Jñāna : littéralement « la connaissance » ; le *jñāna yoga* est le yoga de la connaissance.

Karma : l'action à tous les niveaux ; l'effet de toute action sur l'agent, soit dans la vie actuelle, soit dans une existence future ; utilisé couramment dans le sens de « destin ».

Karmique : qui concerne le *karma* ; actions passées et présentes.

Kṛṣṇa (Krishna) : une incarnation de Viṣṇu ; son enseignement est présenté dans la *Bhagavadgītā*.

Kṣatriya : caste guerrière ; dans l'hindouisme, la société est traditionnellement divisée en quatre classes : les *brāhmaṇa* ou prêtres ; les *kṣatriya* ou rois, princes et soldats ; les *vaiśya* ou commerçants et paysans ; et les *śūdra* ou serviteurs.

Kuṇḍalinī yoga : discipline spirituelle qui consiste à faire élever l'énergie endormie à la base de la colonne vertébrale.

Lingama : symbole d'adoration du dieu Śiva.

Mahābhārata : littéralement en sanskrit « la grande Inde » ; texte sacré de l'Inde et la plus grande épopée jamais écrite, composée de 100 000 versets en sanskrit.

Mālā : guirlande de fleurs et chapelet.

Mantra : Nom divin.

Nirvana : littéralement : « extinction » ; libération de la vie et du monde.

Nivṛtti : littéralement : « revenir en arrière » ; se désengager du monde.

Paramātman : le soi ultime.

Pārvatī : littéralement : « fille de la montagne » ; épouse de Śiva.

Pātāla : les régions inférieures de la terre.

Prasāda : sacrement sucré donné aux participants à la fin d'une méditation de groupe.

Pravṛtti : littéralement : « aller de l'avant » ; être engagé dans le monde.

Pujārī : prêtre officiant.

Rāma : Rāma est l'un des plus anciens noms sanskrits pour Dieu, mais il est plus connu, à cause de l'incarnation de Viṣṇu, sous le nom de Rāma, le plus grand des anciens rois de la dynastie solaire et le héros du *Rāmāyaṇa* ; aux yeux des dévots de Rāma, il est le Seigneur de tout ; mais le Nom précède l'incarnation et dénote Dieu ; nom répété pendant la méditation.

Rāmāyaṇa : « la geste de Rāma » ; épopée en vers sanskrits du poète Vālmīki, détaillant la vie et les exploits de Rāma ; également le *Rāmacaritamānas*, version hindie de Tulsidas ; texte de dévotion pour des millions d'hidous, constituant, avec la *Bhagavadgītā*, la « Bible » des hindous.

Rasa : l'essence ; le goût.

Rishi : de la racine sanskrite *dṛś* : « voir » ; un poète ou un sage inspiré ; les *rishis* sont les auteurs ou plutôt les prophètes visionnaires des hymnes védiques.

Sādhaka : disciple, celui qui suit le chemin spirituel, la *sādhanā*.

Sadhana Dhama : maison de la *Sādhanā*.

Sādhanā : littéralement : « effort » ; effort conscient de soi-même pour l'évolution.

Sādhu : renonçant.

Śakti : l'aspect féminin de l'énergie divine.

Saṁskāra : empreinte psychophysique sur une personne.

Sannyāsa : renonciation.

Sannyāsī : renonçant ; personne qui a renoncé à la vie de ce monde et est entrée dans le stade final de la vie selon les préceptes hindous.

Sarasvatī : l'ordre le plus élevé des renonçants retraçant ses origines à Sarasvatī, la déesse de la connaissance et des arts.

Satsanga : littéralement : « compagnie de ce qui est vrai » ; discours spirituel.

Shehnai : instrument à vent traditionnel.

Śikśā : enseignement ; éducation.

Śiva (Shiva) : l'aspect destructeur de la trinité.

Swami Ramananda (Swamiji) : Ramananda signifie littéralement « félicité de Dieu ». Maître de Babaji, né en Inde en 1916, et qui a quitté son corps en 1952. Il était le disciple de Swami Satyanandaji, qui était lui-même le disciple de Swami Dayananda Sarasvati (1824-1883), le fondateur du mouvement de réforme hindoue, l'Ārya-Samāj.

Tāṇḍava : le *tāṇḍava* est la danse que Śiva danse au moment de la destruction de l'univers.

Tapasyā : littéralement : « être chauffé » ; *tapas* signifie « chaleur » ; austérité religieuse ; pénitence.

Tilaka : marque sacrée généralement portée sur le front.

Trimūrti : littéralement, trois (*tri*) formes (*mūrti*) ; la trinité hindoue formée des trois dieux principaux, Brahmā, Viṣṇu et Śiva.

Tulsi : plante sacrée de l'Inde utilisée dans les cérémonies religieuses ; le *tulsi* a de nombreuses vertus médicinales.

Upaniṣads (Upanishads) : littéralement « s'asseoir auprès d'un sage » ; textes sacrés philosophiques venant en fin des *Vedas*, d'où *Vedanta* « fin du *Veda* » ; traités spéculatifs concernant principalement l'interprétation mystique du rite védique et de sa relation avec l'homme et avec l'univers ; la source de toute philosophie indienne.

Veda : littéralement « savoir » ; ancien recueil d'hymnes, textes rituels et traités philosophiques incorporant la religion des Aryens ; la partie la plus ancienne des *Vedas* consiste en quatre recueils métriques, connus sous le nom de *saṁhitas*, à savoir le *Ṛgveda* (*Rigveda*), le *Yajurveda*, le *Sāmaveda* et l'*Atharvaveda*.

Vedanta : littéralement « la fin des Vedas », mais il signifie également un système philosophique basé sur la non-dualité.

Viṣṇu (Vishnu) : aspect préservateur de la trinité.

Yoga : littéralement : « la mise au joug, l'acte d'atteler, de joindre, d'unir » ; la science qui enseigne comment unir le soi individuel et le soi suprême ; application ou concentration des pensées, contemplation abstraite, méditation pratiquée en tant que système.

conception
réalisation
mise en page
pca
44405 Rezé cedex

Achevé d'imprimer en juin 2014
sur les presses de la Nouvelle Imprimerie Laballery
58500 Clamecy
Dépôt légal : juin 2014
Numéro d'impression : 406108

Imprimé en France

La Nouvelle Imprimerie Laballery est titulaire de la marque Imprim'Vert®